Glücklich leben mit den

MOND-
PHASEN

Gesundheit,
Haushalt,
Ernährung

INHALT

DER MOND – HIMMLISCHER BEGLEITER DER ERDE

Um den Mond ranken sich viele Geschichten und Märchen – vom Mann im Mond, der uns jede Nacht beobachtet, bis zum Mondschaf, das fröhlich auf seiner Oberfläche grast.

Dass dies alles nicht stimmt, wissen wir spätestens, seitdem der erste Mensch im Juli 1969 den Mond betrat. Der Amerikaner traf weder den Mann im Mond noch das Mondschaf an, sondern einen kahlen, einsamen Planeten mit einer unwirtlichen Atmosphäre und extremen Temperaturen. Daher müssen wir uns mit den wissenschaftlichen Fakten begnügen und der ernüchternden Erkenntnis ins Auge sehen, dass kein Leben auf dem Mond möglich ist, obwohl der Planet einst zur Erde gehörte.

Dennoch beschäftigt der Mond die Menschen seit Urzeiten nicht nur astronomisch. Schon lange vor der ersten Mondlandung erkannte man die Kraft des Mondes und seinen großen Einfluss auf das Leben auf der Erde. In vielen Kulturen wurde der Mond als Göttin Luna verehrt und gefeiert. Dem Mond werden bestimmte Eigenschaften zugeschrieben, zahlreiche Mythen und Legenden von ihm erzählt.

Die Phasen, die der Mond im Lauf einer Erd-umkreisung einnimmt, sind in großem Umfang bestimmend für Gesundheit, Wohlbefinden und Wachstum auf unserem Planeten. Er beein-flusst die Gezeiten der Meere, das Wetter und lässt Tiere und Menschen bei Vollmond sich ext-rem verhalten. Viele Erscheinungen auf der Erde wurden mit den Mondphasen und -zyklen in

Verbindung gebracht. Wie sich dies äußert, lesen Sie auf den folgenden Seiten. Hier erfahren Sie erst einmal ein paar statistische Zahlen zu „unserem" Mond – denn er ist nicht der einzige im Universum. Auch andere Planeten haben Monde, Jupiter gleich mehrere. So sprechen wir auch vom Erdmond, der der fünftgrößte unseres Sonnensystems ist.

Der Mond ist von allen Himmelskörpern der Erde am nächsten, er ist ein Trabant, ihr natürlicher Satellit und ebenso alt wie sie, nämlich etwa 4,6 Milliarden Jahre. Der Mond entstand, als die noch junge Erde mit einem Meteoriten zusammenstieß und dabei etwa ein Viertel ihrer Masse verlor. Diese bewegte sich anfangs in Einzelteilen um sie herum, bis sie sich zu einem einzigen Stück zusammenfand – dem Mond.

Im Grunde entstand der Mond also aus Erdgestein – einige bezeichnen ihn als den siebten Kontinent im Weltall. Seitdem umkreist der Mond die Erde in einer Ellipsenform, wobei er sich im selben Zeitraum und Drehsinn auch einmal um sich selbst dreht. Durch das physikalische Gesetz der Fliehkraft fällt er bei seiner Reise um die Erde auch nicht herunter, sondern bewegt sich immer weiter. Man kann dies ausprobieren mit einem Eimer Wasser: Dreht man ihn schnell genug herum, bleibt das Wasser im Eimer, auch wenn man ihn dabei mit der Öffnung nach unten hält – das bewirkt die Fliehkraft.

Der Erdmond hat einen Durchmesser von 13 476 Kilometern, das entspricht etwa der Entfernung von Moskau nach Madrid. Die Entfernung Mond–Erde schwankt zwischen 363 000 Kilometern und 404 000 Kilometern, je nachdem, auf welchem Punkt der Ellipse der Mond sich befindet. Die Entfernung vergrößert sich jährlich um etwa 3,8 Zentimeter. Seine Geschwindigkeit bei der Erdumkreisung beträgt etwa 1,023 Meter pro Sekunde, so benötigt er im Durchschnitt 27 Tage, sieben Stunden und 43 Minuten für eine einzige Erdumkreisung. Da auch die Erde sich dreht, scheint es uns – von hier aus betrachtet –, als ob der Mond nur einen einzigen Tag für eine Erdumrundung benötigt. Denn er geht jeweils wie die anderen Fixsterne im Osten auf und im Westen unter.

Je nachdem, wie er die Erdumlaufbahn kreuzt, sprechen wir von auf- und absteigenden Mondknoten oder erleben eine Sonnen- beziehungsweise Mondfinsternis.

DIE MONDPHASEN

Der Mond leuchtet nur schwach selbst, wie die Erde wird er von der Sonne angestrahlt und strahlt ein Bruchteil dieser Strahlung selbst. Mit ihr kreist er um die Sonne, sozusagen als ihr ständiger Begleiter. Und während der Erdumkreisung zeigt er sich unseren Augen je nach Beleuchtung in verschiedenen Phasen. Mit Phasen sind dabei die Schattenbilder gemeint, die sich während einer Umlaufbahn des Mondes um die Erde in Beziehung zur Sonne und der Reflexion des Sonnenlichtes ergeben: Man spricht von Neumond, zunehmendem Mond, Vollmond und abnehmendem Mond.

Der Zeitraum von einem Vollmond zum nächsten wird als Mondzyklus oder Lunation bezeichnet. Berechnet wird ein Mondzyklus jedoch nach der Dauer von Neumond zu Neumond. Dieser Zeitraum entspricht in etwa 29 Tagen, 44 Minuten und drei Sekunden.

Von Neumond spricht man, wenn der Mond am Himmel nicht zu sehen ist. Dann nämlich befindet er sich auf seiner Umlaufbahn direkt zwischen Erde und Sonne. Und er steht so „nah" an der Sonne, dass das Sonnenlicht ihn überstrahlt und er nicht zu sehen ist.

Nach dem Neumond zeigt sich zuerst die Mondsichel in der Form, wie man sie oberhalb der Sonne im Westen sieht. Wer noch die alte Sütterlinschrift beherrscht, kann sich die Form mit dem Sütterlin-z merken. Es folgen der Halb- und Dreiviertelmond und schließlich der Voll- mond, etwa 13 Tage nach Neumond. Nun ist der Mond der Erde in seiner Bahn am nächsten, die Erde steht zwischen der Sonne und dem Mond.

Danach wird der volle Mond zusehends schma- ler. Nach dem Viertelmond folgen der Halbmond und der abnehmende Mond. Die Sichel steht nun

Das Sütterlin-z

Während eines Zyklus von etwa 30 Tagen nimmt der Mond verschiedene Phasen an. Berechnet wird der Zyklus von Neumond zu Neumond.

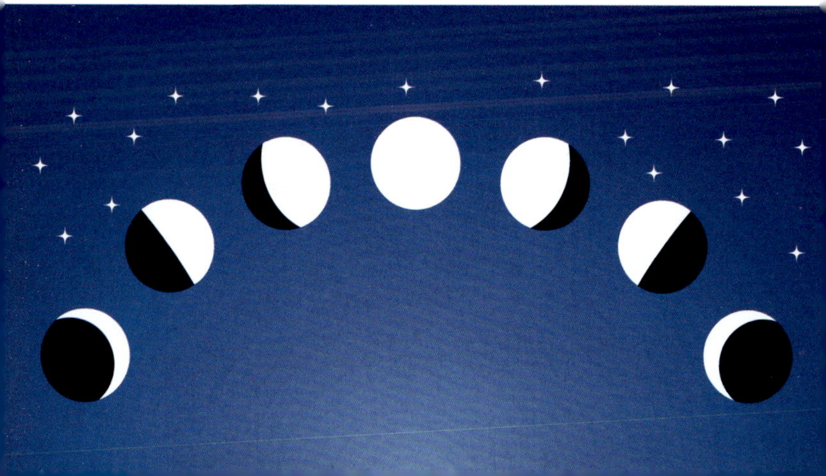

Das Sütterlin-a

rechts oberhalb der Sonne am Osthimmel – in Sütterlinschrift gleicht sie dem a. Wenn der Neumond erreicht und der Mond wieder finster ist, ist ein Zyklus vollendet.

Bei einer Mondfinsternis wird der Mond vom dreimal so großen Kernschatten der Erde bedeckt. Er steht dann in der Verbindung Sonne–Erde. Das Sonnenlicht wird von der Erde abgeschirmt, und er bleibt im Dunkeln.

BEDEUTUNG DER MONDPHASEN

Während seiner verschiedenen Phasen lässt der Mond unterschiedliche Kräfte auf die Erde wirken. Nicht zuletzt wirkt die von ihm ausgehende Gravitationskraft stark auf die irdischen Vorgänge.

DER ZUNEHMENDE MOND

Wenn der Mond zunimmt, spüren wir das auf der Erde in Form von Energiesteigerung, Kreativität, Wachstum und Kräftigung, aber auch verstärkter Aggressivität und Gewalt, je nachdem, welcher Impuls im jeweiligen Menschen stärker zum Vorschein kommt. Die Mondanziehungskraft nimmt zu. Viele Arbeiten in Haus und Garten erhalten durch den zunehmenden Mond Stärke und Kraft. Auf finanziellem Gebiet und in der Liebe bringt der zunehmende Mond Fortschritte. Auch für die Gesundheit bedeutet das Hellerwerden des Mondes eine Veränderung. Alle verabreichten Stoffe, seien es Medikamente oder Nährstoffe, werden zwar langsamer, aber gründlicher vom Organismus aufgenommen. Kranke erfahren so Stärkung und Kräftigung. Die Verdauung funktioniert ebenfalls langsamer, was dazu führt, dass sich schnell ein Sättigungs- und Völlegefühl einstellt. Menschen mit Gewichtsproblemen bringt der Mond während dieser Phase daher noch mehr Kilo. Sie sollten jetzt auf ihr Gewicht achten.

Während des zunehmenden Mondes können aber auch dunkle Seiten zutage treten, die während der vergangenen Mondphasen versteckt geblieben sind. Das heißt, jetzt zeigt, sich, was nicht alles „rund" läuft, wo die Schwachstellen sind, sowohl seelisch wie körperlich. Schnell kann man sich überfordern und körperlich verausgaben. Wer schon lange einen Groll mit sich herumträgt, wird ihn in dieser Zeit „ausleben". Streitereien und Auseinandersetzungen finden häufiger und „leichter" statt als sonst. Es ist eine

Während eines Zyklus von etwa 30 Tagen nimmt der Mond verschiedene Phasen an. Berechnet wird der Zyklus von Neumond zu Neumond.

Zeit der Extreme, die ihren Höhepunkt im Vollmond findet.

DER VOLLMOND

Etwa 15 Tage nach Neumond hat der Mond die
Hälfte seiner Umlaufbahn um die Erde zurück-
gelegt und ist nun als volle Scheibe am Himmel
zu sehen. Bei Vollmond steht der Mond genau
der Sonne gegenüber. Sein eigener Lichtschein
ist nur schwach und am Tag nicht zu sehen, nur
in klaren Nächten hellt er den Nachthimmel in
romantisches Licht ein, gerade hell genug und
nicht zu hell für ein Rendezvous bei Mondschein.

Die Kraft, die der Vollmond mit sich bringt,
macht sich auf der Erde schon einige Tage vorher bemerkbar, wenn Dreiviertelmond herrscht.
Empfindliche Menschen können diese Kraft sehr
stark spüren. Sie werden nervös, sind aufge-
dreht und verhalten sich anders als sonst, zuweilen sogar entgegen der Norm. Das englische Wort
„lunatic", wörtlich „wie der Mond", bedeutet
„verrückt, irre".

Zur Zeit des Vollmonds werden mehr Babys
geboren als sonst, auf der anderen Seite ster-
ben auch mehr Menschen als in der übrigen Zeit.

Das Sexualverhalten der Menschen ist extremer und intensiver, der monatliche Zyklus mancher Frauen ist mit 28 Tagen ebenfalls dem Mondlauf angepasst.

Auf Tiere und Pflanzen wirkt der Vollmond auch auf dramatische Weise. Jeder weiß, dass die Wölfe bei Vollmond den Mond anheulen. Haustiere laufen nachts nervös in der Wohnung herum und drängen nach draußen. Einige Fisch- und Meerestierarten paaren sich ausschließlich bei Vollmond. Pflanzen sprießen und entfalten ihre Blüten, die Wassermassen, die während der Gezeiten Ebbe und Flut bewegt werden, sind

Der Vollmond wirkt mit besonderer Kraft auf das Leben auf der Erde. Er fördert all das zutage, was lange im Verborgenen schlummerte.

wesentlich größer als sonst. Viele Erdbeben und Vulkanausbrüche fanden bei Vollmond statt, Springfluten entstehen jetzt öfter als sonst. Oft ändert sich das Wetter drastisch.

Der Vollmond setzt gewaltige Kräfte auf der Erde frei. Jetzt zeigt sich all das, was schon lange im Inneren „brodelt", die Kräfte drängen von drinnen nach draußen, Fülle, Überfluss und Explosivität zeigen sich in allem, aber auch Krankheit und Tod brechen aus. Der Mond fördert das Gute wie das Böse zutage. Aktive Menschen spornt er zu noch mehr Höchstleistungen an. Sie platzen vor Kraft und Aktivität.

Es passieren aber auch mehr Unfälle und Gewalttaten als sonst – zum Beispiel so extreme wie ein Amoklauf, obwohl Gewaltausbrüche natürlich noch mit vielen anderen Faktoren zusammenhängen. Die Mondkraft fordert die Menschen auch auf, ihre Handlungsweisen zu überdenken, eventuell die Richtung zu ändern und einen neuen Weg in ihrem Leben einzuschlagen. Dies gerade, wenn ihnen bei Vollmond ein besonderes Missgeschick passiert, das ihr bisheriges Leben infrage stellt. Er zeigt ihnen, dass sie sorgsam mit sich umgehen, ihre Gesundheit jetzt besonders schonen und keine Drogen zu sich nehmen sollen. Denn wie erwähnt heilen Wunden – körperliche und seelische – nun langsamer, Drogen, auch Alkohol, wirken stärker.

Schlaflosigkeit macht sich breit – ein Phänomen, das auch Menschen bemerken, die nicht an die Kräfte des Mondes „glauben".

Besonders empfindliche Menschen kennen das Phänomen des Schlafwandelns bei Vollmond, an das sie sich am nächsten Tag nicht mehr erinnern können.

Alle Veränderungen, die mit dem Vollmond einhergehen und durch ihn mitveranlasst werden, sind einschneidend, oft nicht rückgängig zu machen und daher in ihren Auswirkungen vielfach nicht vorherzusehen. Daher wird empfohlen, bei Vollmond keine unüberlegten Handlungen zu begehen und neue Projekte und Unternehmungen nur nach sorgfältiger Überlegung in Angriff zu nehmen.

DER ABNEHMENDE MOND

Wie bei Vollmond die Kräfte nach außen drängen, ziehen sie sich bis zum Neumond wieder nach innen zurück. Diese Phase beginnt mit dem

Mit der Phase des abneh-
menden Mondes beginnt
eine Zeit der Einkehr und
des Rückzuges nach innen.
Sie ist gut zum Reinigen
und Entgiften.

abnehmenden Mond und findet ihren Höhepunkt an Neumond.

Was sich vorher an Kräften und Fülle aufgebaut hat, nimmt nun langsam wieder ab und macht der Normalität Platz. Die zuvor tatkräftigen Menschen fühlen sich nun weniger motiviert und sind in ihren Handlungen weniger erfolgreich.

Die Zeit des Einatmens und Innehaltens beginnt. Krankheiten können auskuriert werden, Diäten durchgeführt und Körpergewicht reduziert werden. Der Körper macht Hausputz, baut Schlacken ab und schwitzt Giftstoffe aus. Alter Ballast kann nun leichter losgelassen und weggeworfen werden – auch auf mentaler und Gefühlsebene.

Ideal ist die Zeit für Entwöhnungskuren von Nikotin, Alkohol und Drogen.

Was für den Körper gilt, das gilt auch für äußeren Staub und Schmutz: Der abnehmende Mond ist ideal zum Renovieren und Putzen der Wohnung sowie zum Waschen und Reinigen von Polstern und Kleidung.

In der Natur wird nun das Wachstum unter der Erde angeregt. Die Säfte der Bäume, die zuvor von der Wurzel nach oben gestiegen sind, fallen nun wieder in Richtung Wurzel.

DER NEUMOND

Wenn sich Sonne und Mond am nächsten sind
und er am weitesten von der Erde entfernt ist,
spricht man von Neumond. Beide stehen nun
im selben Tierkreiszeichen (mehr dazu siehe ab
Seite 18). Der Mond ist ein paar Tage nicht am
Himmel zu sehen, die Nächte sind dunkel und
unergründlich.

Sämtliche Energien sind nun nach innen
gerichtet, Ruhe kehrt ein. Man bekommt die
Möglichkeit, die inneren Kräfte neu zu mobili-
sieren. Sie zeigen sich in Träumen und unterbewussten, intuitiven Wahrnehmungen und
Empfindungen. Seelische Störungen wie Depressionen zeigen sich an diesen Tagen aber auch
deutlicher.

Körperlich tut an Neumond ein Fastentag gut,
in den folgenden Tagen wird leichte, magenscho-
nende Kost empfohlen. Nach dem körperlichen
und seelischen Entgiftungsprozess ist Raum für
neue Ideen und Kreativität entstanden. Gestärkt
kann man sich auf die Zeit des zunehmenden
Mondes und seiner gewaltigen Kräftefreisetzung
vorbereiten.

Der Neumond wird auch
der leere oder schwarze
Mond genannt.

DER MOND IN DEN TIERKREISZEICHEN

Während seiner Umlaufbahn um die Erde durchläuft der Mond in einem Monat nacheinander alle zwölf Tierkreiszeichen. So gesehen, ist jeder Mensch nicht nur in einem Sonnenzeichen geboren, sondern auch das Zeichen, in dem der Mond sich zum Zeitpunkt der Geburt befand, bestimmt seinen Charakter und sein Verhalten. Dass der Einfluss des Mondes auf die Menschen genauso wichtig ist wie die Sonne, war bereits in der Antike bewusst.

Der Mond hält sich in jedem Tierkreiszeichen etwa zwei bis drei Tage auf. Im Mondkalender ab Seite 166 können Sie sehen, wann er welches Tierkreiszeichen durchläuft. Ausgehend von diesen Zeichen zugeschriebenen Kräften und Eigenschaften, kann man bestimmen, welche Energien an diesen Tagen des Monddurchlaufs herrschen und welche Qualität sie haben, das heißt, was man am besten tun oder lassen kann. Das wird durch die verschiedenen Mondphasen, in denen sich der Mond beim Durchlaufen des Zeichens befindet, zusätzlich bestimmt. So können sich

Maßnahmen, die bei zunehmendem Mond gut wirken, noch verstärken, wenn sie an Tagen durchgeführt werden, in denen der Mond ein aufsteigendes Tierkreiszeichen durchläuft.

AUFSTEIGENDER UND ABSTEIGENDER MOND

Man spricht in diesem Zusammenhang auch vom aufsteigenden und absteigenden Mond, nicht zu verwechseln mit den aufsteigenden und absteigenden Mondknoten – damit sind die Schnittpunkte des Mondes mit der Sonnenumlaufbahn der Erde gemeint. Mit dem absteigenden und aufsteigenden Mond aber sind die Zeichen gemeint, die er gerade durchläuft – was auch nichts mit den Mondphasen zu tun hat. Alle Zeichen, die die Sonne von Dezember bis Juni, also der Wintersonnenwende am 21. Dezember bis zur Sommersonnenwende am 21. Juni, durchläuft, werden die aufsteigenden Zeichen genannt, die restlichen sechs, die in der Zeit vom 22. Juni bis 20. Dezember herrschen, die absteigenden Zeichen. Aufsteigende Zeichen sind Steinbock, Wassermann, Fische, Widder, Stier, absteigende sind Krebs, Löwe, Jungfrau, Waage, Skorpion. Zwillinge und Schütze werden zu den ab- wie aufsteigenden Zeichen gezählt (siehe auch Seiten 22/23).

Aufsteigende Kräfte wirken kräftigend, unterstützend, wachstumsfördernd, expandierend – absteigende Kräfte bewirken Reifung, Gewinn, Ernte, aber auch Niedergang, Ruhe und Stagnation.

ALS REGEL KANN MAN SICH MERKEN:

An Neumond stehen Sonne und Mond im selben Zeichen. Was die Mondphasen angeht, befindet sich jedes Zeichen, in dem die Sonne gerade steht, von da an genau sechs Monate lang im zunehmenden und sechs Monate im abnehmenden Mond. Das heißt, an Vollmond steht der Mond genau sechs Tierkreiszeichen weiter als bei Neumond – da er sich zwei bis drei Tage in jedem Zeichen aufhält. So kann man leicht bestimmen, in welchem Zeichen er sich gerade befindet, auch wenn kein Mondkalender zur Hand ist.

Beispiel: Widder befindet sich von April bis Oktober im abnehmenden Mond, von Oktober bis April im zunehmenden. Stier: zunehmend von Mai bis November, abnehmend von November bis Mai und so weiter.

Während seiner Umrundung der Erde durchläuft der Mond auch nacheinander die Tierkreiszeichen.

DIE VIER TRIGONE

Aus der aristotelischen Lehre kennt man die Vier-Elemente-Lehre von Erde, Wasser, Luft und Feuer, die die Grundformen der Energie darstellen. Sie wurden verbunden mit den vier Urqualitäten warm, kalt, feucht und trocken.

Wieder war es Aristoteles, der eine Beziehung zum Tierkreis herstellte. Er ordnete jedem Zeichen ein Element und eine Urqualität zu und teilte diese dann in vier Dreiecke (Trigone): Erd-, Wasser-, Feuer-, Lufttrigon. Jedem Trigon wurden außerdem je zwei Qualitäten zugeordnet: warm und trocken, warm und feucht, kalt und trocken, kalt und feucht. Danach entsprechen Sonne und Mars dem Feuer, Jupiter und Venus der Luft, Saturn und Merkur dem Wasser und die Fixsterne und der Mond dem Element Erde. Je nachdem, welches Tierkreiszeichen sie bestimmen, gelten diese Eigenschaften auch für dasjenige Zeichen beziehungsweise den Menschen. Das heißt also, jedem Trigon entsprechen drei Tierkreiszeichen. Dennoch sind die Wirkungen nicht immer die gleichen. In jedem Zeichen wirken die jeweiligen Kräfte von ab- und aufsteigendem Mond, dem jeweiligen Element und den beiden Urqualitäten anders, zum Teil können sie sich addieren.

Neben den Urqualitäten wurden den Trigonen auch Pflanzenqualitäten zugeschrieben beziehungsweise den einzelnen Pflanzenteilen Elemente. Die Wurzeln gehören zum Erdtrigon, die Blätter oder Blattpflanzen zum Wassertrigon, alle Blüten und Blütenpflanzen zählen zum Lufttrigon, die Früchte zum Feuertrigon. Diese Zuordnungen sind besonders im Bereich des Gärtnerns (siehe Seite 127) wichtig. Außerdem gibt es Zuordnungen für bestimmte Körperregionen und Organe.

DIE TIERKREISZEICHEN UND IHRE ZUORDNUNGEN AUF EINEN BLICK

Tierkreis-zeichen	Widder	Stier	Zwillinge	Krebs
Symbol				
Element	Feuer	Erde	Luft	Wasser
Körper-regionen	Kopf, Gehirn, Augen	Kehlkopf, Kiefer, Hals	Arme, Hände, Lunge	Brust, Lunge, Magen
Organsystem	Sinnesorgane	Blutkreislauf	Drüsen	Nerven
Pflanzenteil	Frucht	Wurzel	Blüte	Blatt
Qualität	trocken und warm	kalt und trocken	warm und feucht	feucht und kalt

Tierkreis-zeichen	Löwe	Jungfrau	Waage	Skorpion
Symbol				
Element	Feuer	Erde	Luft	Wasser
Körper-regionen	Herz, Rücken	Verdauungs-organe	Hüfte, Nie-ren, Blase	Urogeni-taltrakt
Organsystem	Sinnesorgane	Blutkreislauf	Drüsen	Nerven
Pflanzenteil	Frucht	Wurzel	Blüte	Blatt
Qualität	warm und trocken	kalt und trocken	feucht und warm	kalt und feucht
Mondkräfte	absteigend	absteigend	absteigend	absteigend

Tierkreis-zeichen	Schütze	Steinbock	Wassermann	Fische
Symbol				
Element	Feuer	Erde	Luft	Wasser
Körper-regionen	Venen, Oberschenkel	Knochen, Gelenke	Venen, Unterschenkel	Füße, Zehen
Organsystem	Sinnesorgane	Blutkreislauf	Drüsen	Nerven
Pflanzenteil	Frucht	Wurzel	Blüte	Blatt
Qualität	warm und trocken	trocken und feucht	warm und feucht	kalt und feucht
Mondkräfte	ab-/aufstei-gend*	aufsteigend	aufsteigend	aufsteigend

DER MOND IM ZEICHEN WIDDER

Die Sonne durchläuft das Sternzeichen Widder in der Zeit vom 21. März bis zum 20. April. Widder-Geborenen werden folgende Eigenschaften zugeschrieben:

Element: Feuer

Herrschender Planet: Mars

Temperament: cholerisch

Charakter: extravertiert, gespannt, impulsiv, kommunikativ, offen, gerade, bestimmt, mutig, durchsetzungsstark, furchtloser Tatenmensch, Einzelgänger mit Chefallüren, manchmal stur, ungeduldig

Qualitäten: warm, trocken

Körperregionen: Körperlich sind dem Widder die Regionen des Kopfes, das Gehirn, Augen und Nase zugeschrieben, als Organsystem die Sinnesorgane.

Der Widder ist das erste Zeichen des Tierkreises. Mit dem Widderzeichen erwacht die Natur, der Frühling beginnt, die Kräfte richten sich von innen nach außen. Das Zeichen steht für Energie, Bewegung, Durchsetzungskraft.

Der Widder-Geborene ist geradeheraus, offen, bestimmt, verfolgt stringent und ohne Umschweife seinen Weg und macht sich furchtlos auf zum Ziel. Bei Misserfolg fängt er eben von vorn an. Seine Erfolge liegen in seiner Schnelligkeit – der Widder handelt schnell, bevor die anderen es mitbekommen. Das kann gut, aber auch mal voreilig sein. Bei all diesem Sturm und Drang und Kopfbestimmtheit kann es schon mal danebengehen. Man rennt buchstäblich mit dem Kopf gegen die Wand oder will auch mal mit dem Kopf durch die Wand. Denn das Zeichen beherrscht die Region des Kopfes.

Wenn der Mond im Zeichen Widder steht, verstärkt er einige der Widder-Eigenschaften. Die Menschen handeln schnell entschlossen, sind freiheitsliebend, individualistisch und spielen auch mal gerne den Chef. Denn sie lieben Auseinandersetzungen, messen sich gerne mit anderen, sind deshalb oft sportlich engagiert. Sie können ihr Leben in Minutenschnelle ändern. In ihrer Ehrlichkeit können sie verletzen.

In ihren Beziehungen haben es die Widder-Mond-Geborenen schwer, denn Nähe mögen sie nicht. Hingabe und Sich-fallen-Lassen sind den Kopfmenschen suspekt, sie hassen es, sich Blößen zu geben. Daher geben sie auch Krankheiten nur zu, wenn es gar nicht mehr geht. Schwäche eingestehen ist nicht ihr Fall.

DIE ENERGIE DER WIDDERTAGE

Die Tage, in denen der Mond das Sternzeichen Widder durchläuft, heißen Widdertage. Ihre Energien wirken natürlich auf alle Menschen.

Widdertage werden auch als Wärme- oder Feuertage bezeichnet, meist herrscht schönes, trockenes Wetter. Man ist voller Energie und Tatendrang, bereit, für seine Ziele zu kämpfen. Alles drängt nach außen.

Die herrschende ungeduldige Widder-Energie kann zu verstärkten Kopfschmerzen führen, vielleicht ist man an diesen Tagen auch besonders kopflastig.

Chirurgische Eingriffe und Operationen in der Kopfregion sollten vermieden werden, wenn es keine Notoperationen sind.

DER MOND IM ZEICHEN STIER

Die Sonne durchläuft das Sternzeichen Stier in der Zeit vom 21. April bis zum 21. Mai. Stier-Geborenen werden folgende Eigenschaften zugeschrieben:

Element: Erde

Herrschender Planet: Venus

Temperament: melancholisch

Charakter: introvertiert, gespannt, bodenständig, sicherheitsbewusst, beharrlich, stur, eigenwillig, will alles auf einmal, Familienmensch, braucht Leistung und Erfolg für sein Selbstbewusstsein, Genussmensch

Qualitäten: kalt, trocken

Körperregionen: Körperlich sind dem Stier die Ohren, der Hals, die Regionen des Kehlkopfes, der Mund, Zähne, Kiefer, Mandeln und Stimmbänder zugeordnet, als Organsystem der Blutkreislauf.

Von ihrem Sonnenzeichen her sind Stier-Geborene fest mit der Erde verbunden, sie stehen darauf mit beiden Beinen (auch wenn der Stier eigentlich vier Beine hat). Bei ihnen wirken die Kräfte von außen nach innen. Jede Entscheidung wird sorgfältig und gründlich überlegt, bevor sie dann aber genauso gründlich realisiert wird. Beharrlich verfolgt ein Stier seine Pläne, bis er sie durchgesetzt hat. Sein Hauptaugenmerk gilt zwar den materiellen Dingen, und hier kann er durchaus zu Geiz neigen, dennoch können Stier-Geborene durchaus mit- und einfühlend sein, sie verfügen über emotionale Intelligenz und haben zuweilen mediale Fähigkeiten, die sie dennoch nicht aus ihrer erdverbundenen Bahn werfen.

Ein Stier hat stets Sinn fürs Praktische, er ist konservativ und realistisch, aber auch stur, was seine einmal gefasste Meinung angeht. Körperlich werden der Hals und die Kehlkopfregion beherrscht, das kann sich äußerlich im sogenannten „Stiernacken" zeigen. Auch das Wort „Geizhals" könnte in diesem Zusammenhang entstanden sein.

Wenn der Mond im Sternzeichen Stier steht, bedeutet das eine Verstärkung der Eigenschaften Bodenständigkeit, Sicherheitsbedürfnis, Familiensinn und Pflichtbewusstsein. Die Mond-Stiere brauchen aber auch Erfolge und Leistung. Sie lieben Ansehen und Bewunderung, verbunden mit gutem materiellem Auskommen. Daher findet man sie in Prestigeberufen, die zu erlangen ihnen auch nicht schwerfällt, da sie hartnäckig ihre Ziele verfolgen.

Auf der anderen Seite leiden sie schnell unter Existenzängsten, wenn der Erfolg ausbleibt. Trotz ihres großen Verantwortungsbewusstseins – sie stehen immer zu ihrem Wort – wollen sie sich nicht beschränken. Alles ist gerade gut genug für sie, und am besten sollte jeder Genuss ohne Reue vonstattengehen.

Stier-Geborene suchen sich gerne Partner, die ihnen unterlegen sind oder in deren Licht sie sich sonnen können. Gesundheitlich führt das gute Leben der Mond-Stiere oft zu hohem Blutdruck.

DIE ENERGIE DER STIERTAGE

Stier-Energie ist konservativ. An den Stiertagen herrscht eher kühles Wetter.

Die Tendenz geht in Richtung bewahren, sichern, festhalten, was man erreicht hat. Wo man sonst eher weniger um die materiellen Dinge besorgt ist, kommen an Stiertagen schon mal Gedanken an die längerfristige Versorgung und der Wunsch, sein Leben auf stabile Füße zu stellen. Aber man schaut genau hin, welcher Einsatz sich dafür lohnt.

Auf der anderen Seite genießt und schwelgt man in schönen Dingen. Besonders dem guten Essen gibt man sich an diesen Tagen gerne hin. Dafür belohnt einen die bewahrende Stierenergie mit vermehrten Fettpölsterchen an den entsprechenden Stellen.

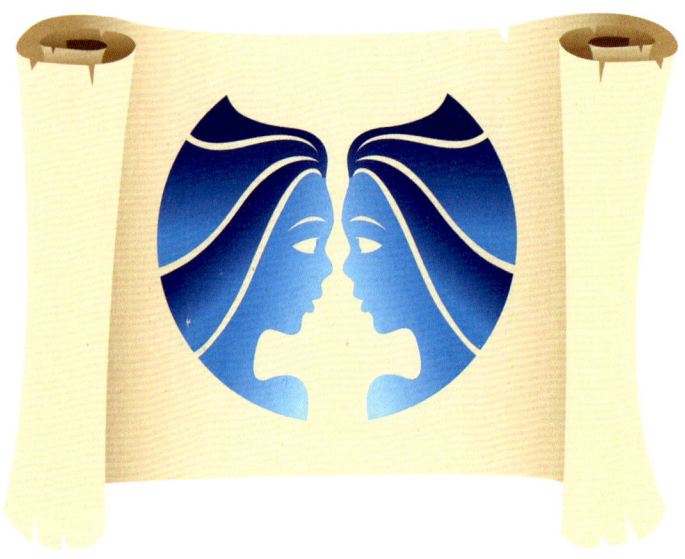

DER MOND IM ZEICHEN ZWILLINGE

Die Sonne durchläuft das Sternzeichen Zwillinge
in der Zeit vom 22. Mai bis zum 21. Juni. Zwillinge-Geborenen werden folgende Eigenschaften
zugeschrieben:

Element: Luft
Herrschender Planet: Merkur
Temperament: sanguinisch

Charakter: extravertiert, gelöst, flexibel-beweglich, geistig, intellektuell, sprachgewandt, schlagfertig, mitteilsam, in negativer Ausprägung zerstreut, oberflächlich, geschwätzig, fahrig

Qualitäten: warm und feucht

Körperregionen: Körperlich sind den Zwillinge-Geborenen die Regionen der Arme, Hände und der Lunge zugeordnet. Das zugeschriebene Organsystem sind die Drüsen.

Menschen, die im Sonnenzeichen der Zwillinge geboren sind, haben eine sehr starke Orientierung nach außen. Sie sind stets in Bewegung, sehr lebendig, von schneller Auffassungsgabe und extrem anpassungsfähig. Ihr Prinzip ist das Aufnehmen und Weitergeben, wobei das Verarbeiten manchmal zu kurz kommt. Das ist mit einer großen Neugier, großem Wissensdurst und Interesse verbunden. Sie lesen und reisen viel. Wo etwas los ist, wo es etwas zu erleben, zu erfahren gibt – auch Klatsch –, sind die Zwillinge an vorderer Stelle. Sie sind immer in Bewegung, immer unterwegs zu alten und neuen Kontakten, immer auf der Suche nach Informationen, um up to date zu bleiben, auch in Sachen Mode. Dank ihrer geistigen und körperlichen Beweglichkeit ist das auch kein Problem. Doch das eigentliche Zwillinge-Wesen ist das der doppelten, zuweilen gespaltenen Persönlichkeit. Zwillinge können auch gut täuschen, sich anders geben, als sie sind, ihr Fähnchen nach dem Wind hängen. Oft sind sie hin- und hergerissen zwischen Verstand und Gefühlen.

Wenn der Mond im Zwillinge-Zeichen aufgeht, wird es recht oberflächlich im Zwillinge-Leben. Das sieht auf den ersten Blick wunderbar lebenslustig, unkompliziert und leicht aus. Doch der Mond-Zwilling hasst Tiefgründiges, er scheut die Auseinandersetzung mit anderen ebenso sehr wie die Beschäftigung mit seinem Inneren. Das glaubt er zu kennen. Grund für sein Verhalten ist Angst vor unbequemen Wahrheiten, Gefühle, denen er lieber aus dem Weg geht. Er lebt und liebt unkonventionell, sucht Abwechslung und das Außenseitertum, hat einen großen Freundeskreis von Menschen, die für ihn wichtig sein können. Man findet ihn oft in Berufen, die mit Wissensaufnahme und -vermittlung zu tun haben, wie bei den Medien. Auf der Suche nach Selbstbestätigung kommt es zu vielen unverbindlichen Flirts, weniger zu festen Beziehungen. Er ist der ewige Selbstdarsteller.

Was seine Gesundheit angeht, verdrängt der Zwilling gerne. Krankheiten werden nicht auskuriert, da sie ihn ans Bett fesseln würden, was er hasst.

DIE ENERGIE DER ZWILLINGETAGE

Zwillingetage sind lebhaft, bewegt, kommunikativ. Das Wetter ist leicht, luftig, frisch, manchmal wechselt es an diesen Tagen. Jetzt sollte man keine Unternehmungen beginnen, die Beständigkeit verlangen. Denn die ist an diesen Tagen nicht angesagt. Vielmehr kann man sich der Wissensaneignung widmen, viel lesen, Vorträge besuchen, Kontakt zu anderen Menschen suchen. Doch Vorsicht: Man ist geneigt, vieles zu beginnen, was dazu führt, dass man nichts zu Ende führen wird. Am besten, man genießt die Unbeschwertheit dieser Tage.

DER MOND IM ZEICHEN KREBS

Die Sonne durchläuft das Sternzeichen Krebs in der Zeit vom 22. Juni bis zum 22. Juli. Krebs-Geborenen werden folgende Eigenschaften zugeschrieben:

Element: Wasser
Herrschender Planet: Mond
Temperament: phlegmatisch, leicht melancholisch

Charakter: introvertiert, gelöst, gefühlvoll, sensibel, hilfsbereit, kreativ, schöpferisch, häuslich, mit viel Familiensinn, lenkt die Dinge aus dem Hintergrund

Qualitäten: kalt und feucht

Körperregionen: Körperlich sind den Krebs-Geborenen die Regionen Lunge, Magen, Leber und Galle und die weibliche Brust zugeordnet, als Organsystem das Nervensystem.

Im Sonnenzeichen des Krebs geborene Menschen sind sehr gefühlsbetont, weiblich, schöpferisch veranlagt. Ihr herrschender Planet ist der Mond, und schaut man sich das Krebs-Symbol an, erkennt man zwei Kreise, die von zwei halbrunden Linien verbunden werden und so wieder eins werden – ein typisch weibliches Symbol des Beschützens und Umschließens.

Denken und Handeln des Krebses sind von Gefühl und Entfaltung bestimmt. Der Mond sorgt für wechselnde Stimmungslagen und für ein starkes prophetisches Gefühl. Krebs-Geborene sind große Familienmenschen, die alles für ihre Lieben tun, man findet sie auch gerne als Pfleger und Helfer in sozialen Einrichtungen. Damit befriedigen sie auch ihr Bedürfnis nach Geborgenheit und Gebrauchtwerden.

Krebse können gut mit Geld umgehen und lieben es, aufzubewahren, egal, ob Sammlerstücke oder aussortierte Haushaltsdinge. Das Nicht-hergeben-Können entstammt zum Teil auch ihrem Bedürfnis, alles „unter Kontrolle" zu behalten. Gerne wollen sie die Fäden in der Hand halten und sie aus dem Hintergrund heraus ziehen.

Wer den Mond im Krebs-Zeichen hat, ist ein besonders einfühlsamer und sensibler Mensch, der die Bedürfnisse seiner Mitmenschen im Nu intuitiv erfassen kann und sie erfüllen möchte. Er ist der geborene Psychologe. Er selbst dagegen leidet unter Ängsten, vor allem Lebensangst, und neigt im schlimmsten Fall zu Depressionen, die er nicht mitteilen kann oder will, denn die Hilfe anderer kann er nur schwer annehmen. Dagegen sucht er vermehrt Geborgenheit in der Familie, opfert sich auf, um über diese Rolle Anerkennung zu bekommen. Als Kind hat er oft an einer übergroßen Mutterbindung gelitten.

Beruflich findet man die Mond-Krebse gerne in kreativen und schöpferischen Tätigkeiten, in denen sie etwas erschaffen können.

Seine Partner haben es nicht leicht mit ihm, so gefühlvoll er ist, so sehr misstraut er den Gefühlen anderer. Insgeheim meint er, dass allzu große Gefühle Abhängigkeiten erzeugen können. Seine Verschlossenheit und Unnahbarkeit äußern sich in Magen- und Verdauungsbeschwerden („alles in sich reinfressen"), die bis hin zu ernsthaften Darmerkrankungen führen können.

DIE ENERGIE DER KREBSTAGE

An Krebstagen ist das Wetter meist feucht und kühl, empfindliche Menschen leiden jetzt besonders. Rheuma, Lungenerkrankungen und Bronchitis können vermehrt auftreten. Es kommt zu Unruhe, Durchschlafschwierigkeiten und Befindlichkeitsstörungen. Gefühle – auch lange verborgene – drängen an die Oberfläche. Man möchte sich nach Hause zurückziehen, geborgen und sicher fühlen. Vielleicht wird man die Wohnung renovieren wollen.

DER MOND IM ZEICHEN LÖWE

Die Sonne durchläuft das Sternzeichen Löwe in der Zeit vom 23. Juli bis zum 22. August. Löwe-Geborenen werden folgende Eigenschaften zugeschrieben:

Element: Feuer

Herrschender Planet: Sonne

Temperament: cholerisch

Charakter: extravertiert, feurig, unerschrocken, klug, herzlich, kraftvoll, großzügig, selbstsicher, eigenmächtig, leichtsinnig, überheblich, gänzlich von sich und ihrer Ausstrahlung überzeugt

Qualitäten: warm und trocken

Körperregionen: Körperlich sind ihnen die Regionen Herz, Rücken, Kreislauf, Blut zugeordnet, als Organsystem die Sinnesorgane.

Löwe-Geborene sind von der Sonne beschienen und wie das Tier selbst königlich – durch ihr Auftreten und bei günstiger Planetenkonstellation und Sozialisation lässt man sich auch gerne davon überzeugen. Dann sind sie großzügig, großmütig, ausdauernd, tatkräftig, vertrauenswürdig und würdevoll. Sie stehen gerne im Mittelpunkt und beanspruchen für sich stets den besten Platz in Gesellschaften, die sie am besten in luxuriöser Umgebung genießen. Ihnen gilt das geflügelte Wort „den Löwenanteil beanspruchen". Sie sind Sieger- und Herrschertypen, die den Unterlegenen gegenüber wohlwollend sind. Sie haben ein ausgeprägtes Gespür für die schönen Dinge des Lebens: Kunst, Kultur, Schmuck.

Auf der anderen Seite können sie arrogant, stolz, cholerisch und ungerecht sein, wenn sie sich ausgeschlossen, unverstanden und ungerecht behandelt fühlen.

Beruflich findet man sie sehr oft in den Chefetagen oder in selbstständigen Tätigkeiten, in Verkaufspositionen, Rechtsanwaltskanzleien und Arztpraxen.

Die Mond-Löwen sind, wie sollte es anders sein, in all ihren Eigenschaften noch anspruchsvoller und ausgeprägter. Sie erwarten von sich, den anderen und vom Leben überhaupt alles und am besten ohne Wenn und Aber. Dominanz ist ihr Lebenszweck – Selbstkritik für sie völlig überflüssig. Sie sind etwas Besonderes, schon in der Kinderstube werden sie zu Höchstleistungen angespornt. Die dadurch oft aufkommende Überforderung macht sich in cholerischen und jähzornigen Ausbrüchen Luft.

Menschen, die den Mond im Löwen haben, findet man gerne in darstellenden und künstlerischen Berufen, wo sie ihre vielseitigen Fähigkeiten ausleben und damit Ruhm und Anerkennung gewinnen können. Dasselbe erwarten sie auch von ihren Partnern. Diese haben es demzufolge

nicht leicht mit einem Mond-Löwen. Es müssen
sehr geduldige Menschen sein, immer bereit, an
zweiter Stelle zu stehen.

Krankheiten passen nicht in sein Weltbild, sie
werden vertuscht, bis sie chronisch sind.

DIE ENERGIE DER LÖWETAGE

Löwetage sind Fruchttage (siehe Seite 132), das
Wetter ist meist trocken und warm, im Sommer
kommt es an Löwetagen zu den höchsten Temperaturen, aber auch zu kräftigen Gewittern.

Menschen sind an diesen Tagen von
beschwingter Leichtigkeit, zum Flirten aufge-
legt, kreativ und unternehmungslustig. Der Sinn
steht nach Freizeit, Erholung und Vergnügen,
Glanz und Gloria. Man neigt außerdem gerne zur
Selbstdarstellung. Betroffene leiden an diesen
Tagen verstärkt an Rückenschmerzen und Herz-
problemen, der Kreislauf spielt verrückt.

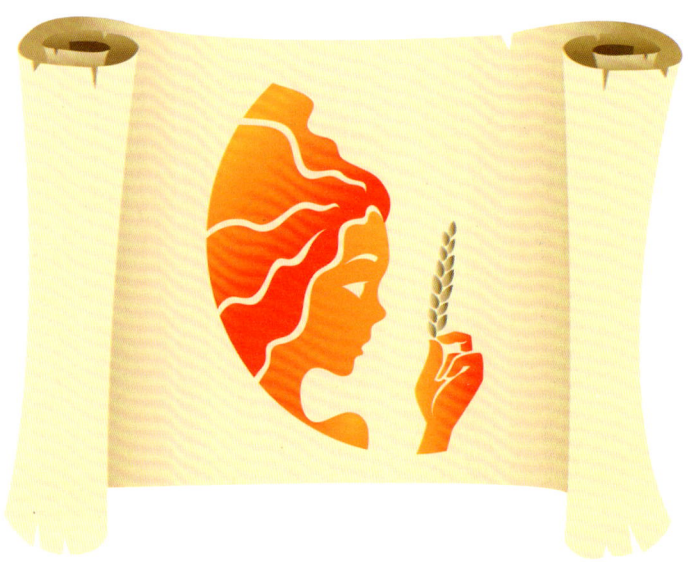

DER MOND IM ZEICHEN JUNGFRAU

Die Sonne durchläuft das Sternzeichen Jungfrau
in der Zeit vom 23. August bis zum 22. September. Jungfrau-Geborenen werden folgende Eigenschaften zugeschrieben:

Element: Erde
Herrschender Planet: Merkur
Temperament: melancholisch

Charakter: introvertiert, ordnungsliebend, sachlich, zuverlässig, bescheiden, fleißig, korrekt, gewissenhaft, oft auch kleinlich, ängstlich, launenhaft, unzufrieden

Qualitäten: kalt und trocken

Körperregionen: Körperlich sind den Jungfrau-Geborenen die Regionen der Verdauungsorgane, die Bauchspeicheldrüse und die Nerven zugeordnet, als Organsystem der Blutkreislauf.

Die Sonne wandert vom Löwen zur Jungfrau und ruht sich dort erst einmal vom anstrengenden Löwen aus – zumindest scheint es so. Denn Jungfrau-Geborene sind im Vergleich zum Löwen sehr gegensätzlich. Sie sind bescheiden und anspruchslos, bodenständig und strebsam, brav, züchtig und stets zum Gehorchen und Dienen bereit. Sie sind praktisch begabt, arbeiten gründlich und räumen auf. Doch bei all dem verlieren sie den Nutzen nicht aus den Augen. Die Dinge bewerten sie allein nach ihrer Brauchbarkeit, leider auch Menschen.

Jungfrauen ordnen und sammeln, wenn es sein muss, denn dieses oder jenes lässt sich irgendwann wieder gebrauchen. Auf dieses Weise verfolgen sie ihr Lebenskonzept auf voraus-schauende und kluge Art. Beruflich findet man Jungfrau-Geborene in Vertrauensstellungen, in denen es auf korrektes und gründliches Arbeiten ankommt, wie in wissenschaftlichen Berufen, im Handwerk, aber auch in heilenden Berufen. Jedoch lehnen sie selbstständige Tätigkeiten ab, sie arbeiten lieber, wenn sie die Aufgaben zugeteilt bekommen.

Steht der Mond in der Jungfrau bei der Geburt, findet man einen Menschen, der Situationen und Menschen kühl und rational analysiert und sich so seine eigene Ordnung schafft. Diese Sicherheit braucht er zum Leben, denn flexibel ist er nicht. Ungeplante Veränderungen werfen ihn aus der Bahn. Angepasst und fast unsichtbar erfüllt er seine Aufgaben. Vielfach findet man ihn in sozialen oder kaufmännischen Berufen.

Um die Dinge immer unter Kontrolle zu haben, mutiert er zum Organisationstalent. Leider hat er auch seine Gefühle im Griff, denn die gehören nun mal zu den unkontrollierbaren Erscheinungen. Überschwängliche Gefühlsausbrüche und intensive Liebesabenteuer erlebt man bei Mond-Jungfrauen nicht. Insofern trifft er seine

Partnerwahl weniger nach emotionalen, sondern nach praktischen und vernünftigen Gründen, was nicht immer schlecht sein muss. Selten kommt es vor, dass sich eine Mond-Jungfrau einen völlig entgegengesetzt strukturierten Partner wählt, um der eigenen Eintönigkeit einen Kontrapunkt entgegenzusetzen.

Gesundheitlich ist er mit seinem Körper vertraut und weiß, worauf es ankommt. Oft leidet er an Allergien und Magen-Darm-Erkrankungen.

DIE ENERGIE DER JUNGFRAUTAGE

Die erdgebundene Jungfrau-Energie zeigt sich an diesen Tagen in emotionaler Kühle, Rationalität und Pflichterfüllung. Sie werden auch Kältetage genannt. Jetzt geht es verstärkt um die Arbeit, es wird geordnet, gereinigt und gerichtet. Man ist besonders an Fragen der Ernährung und Gesundheit interessiert. Auch der Körper scheint an diesen Tagen mit Entgiftung und Reinigung verstärkt beschäftigt zu sein. Dies sollte man durch geeignete Maßnahmen unterstützen (siehe Seiten 82 f.).

DER MOND IM ZEICHEN WAAGE

Die Sonne durchläuft das Sternzeichen Waage in der Zeit vom 23. September bis zum 22. Oktober. Waage-Geborenen werden folgende Eigenschaften zugeschrieben:

Element: Luft
Herrschender Planet: Venus
Temperament: sanguinisch

Charakter: extravertiert, gelöst, ausgleichend, aufgeschlossen, entgegenkommend, charmant, vermittelnd, natürlich, hilfsbereit, in schlechter Ausprägung leichtfertig, oberflächlich, lässig, eingebildet

Qualitäten: feucht und warm

Körperregionen: Körperlich sind den Waagen die Lendenregion, Nieren und Blase zugeordnet, als Organsystem die Drüsen.

Wenn die Sonne ins Waagezeichen tritt, hat sie die Hälfte des Tierkreises durchwandert und ist im dritten Quadranten angekommen. Zusammen mit dem regierenden Planeten, der Venus, bewirkt sie, dass die Waage-Menschen Harmonie und Schönheit repräsentieren, auf geistigem wie körperlichem Gebiet.

Sie sind allem gegenüber offen, freundlich, unterhaltsam, kleiden sich elegant und sind in Gesellschaft gern gesehene Gäste. Sie haben Kunstverstand, sind an Psychologie interessiert und zeichnen sich durch einen ausgeprägten Gerechtigkeitssinn aus. Daher findet man Waage-Geborene auch oft in künstlerischen Berufen und allen Beschäftigungen, die der Verschönerung des Lebens dienen, aber auch dort, wo es um Gerechtigkeit geht.

Sie vermitteln gerne zwischen Gegensätzen. Partnerschaften sind für sie sehr wichtig. Darin sind sie anpassungsfähig und kompromissbereit, denn Auseinandersetzungen gehen sie aus dem Weg – um ihr inneres Gleichgewicht zu behalten. Entscheidungen liegen ihnen nicht.

Der gesundheitliche Aspekt liegt auf den Nieren – den Partnerschaftsorganen. Hier sind sie anfällig.

Menschen, die den Mond in der Waage haben, zeigen eben die Eigenschaften der Waage-Geborenen in besonderer Ausprägung. Sie sind in großem Maße harmoniebedürftig, scheuen Konflikte und wollen einfach nur das schöne Leben genießen. Kontakt zu anderen suchen sie, um sich durch ein Gegenüber bestätigt zu fühlen. Ist dies nicht der Fall, leidet ihr schlecht entwickeltes Selbstwertgefühl, und sie fühlen sich ungeliebt, ein Zustand, den sie nur schwer aushalten können.

Mond-Waagen sind als Schauspieler, Schriftsteller und in all solchen Berufen tätig, in denen Kontakte mit Menschen stattfinden.

In Partnerschaften haben sie so ihre Schwierigkeiten, denn festlegen wollen sie sich nicht, sondern emotional und sexuell ihre Freiheit leben.

Wenn gesundheitliche Therapien notwendig
sind, verschließt sich keine Mond-Waage ihrer
Durchführung.

DIE ENERGIE DER WAAGETAGE

Die Energie der Waagetage ist sehr neutral, hell
und luftig – alles scheint leicht, ausgeglichen und
freundlich. Man bemerkt kaum, welches Zeichen
regiert.

Jeder hat Lust, nach draußen zu gehen und
andere Menschen zu treffen. Man ist offen und
kontaktfreudig. Vielleicht ergibt sich eine Lieb-
schaft oder einfach nur eine nette Begegnung.
Die beiden Bereiche Partnerschaft und Beziehung
stehen an diesen Tagen im Vordergrund. Jetzt
ist eine günstige Zeit für klärende Aussprachen
und Versöhnungen, aber auch für Romantik und
zärtliche Stunden zu zweit. Da die Nieren dem
Bereich Partnerschaft zugeordnet werden, sind
sie an Waagetagen jedoch auch gefährdet.

DER MOND IM ZEICHEN SKORPION

Die Sonne durchläuft das Sternzeichen Skorpion in der Zeit vom 23. Oktober bis zum 22. November. Skorpion-Geborenen werden folgende Eigenschaften zugeschrieben:

Element: Wasser
Herrschender Planet: Pluto
Temperament: phlegmatisch

Charakter: gespannt, introvertiert, unzugänglich, gründlich, realistisch, selbstsicher, aktiv, zuweilen aber auch hasserfüllt, gerissen, eifersüchtig, zornig, nachtragend und nachlässig

Qualitäten: kalt und feucht

Körperregionen: Körperlich sind ihnen die Regionen der Geschlechtsorgane und der Harnwege zugeordnet, als Organsystem die Nerven.

Menschen, die im Sternzeichen Skorpion geboren sind, erkennt man an ihrer gespannten Körperhaltung und einem Blick, der alle Höhen und Tiefen des Lebens zu kennen scheint. Obwohl sie ruhig, gelassen und beherrscht wirken, spielen sich in diesen Menschen ständig Extreme ab. Sie tragen alle Gegensätze in sich und stehen ständig unter Spannung. Alles und jedes wollen sie analysieren und ergründen. Daher wirken sie oft abwesend und schwer zugänglich.

Skorpion-Geborene sind sehr intelligent, tiefsinnig, haben Sinn für Ironie und Humor. Doch können sie auch andererseits sehr hasserfüllt und reizbar reagieren, wenn sie sich betrogen fühlen. Dann spürt man ihre Leidenschaftlichkeit auf unangenehme Weise.

Skorpione findet man in Berufen, in denen Ausdauer und Zähigkeit, Spürsinn und Intelligenz gefragt sind und die Fähigkeit, Hinterhalte zu legen, wie in der Kriminalistik oder beim Geheimdienst. Auch unter Naturwissenschaftlern, Ärzten und Forschern gibt es vermehrt Skorpion-Geborene. Berühmte Magier und Geistliche sind ebenfalls im Tierkreiszeichen des Skorpions geboren.

Auf der gesundheitlichen Ebene neigen sie zu Erkrankungen der Geschlechts- und Harnorgane, des Blutes und der Haut.

Der Mond ruft in diesem Zeichen Eigenschaften wie Herrschsucht und Dominanzgebahren hervor. Sie wollen alles erfahren, wissen, kontrollieren. Ein fehlendes Selbstwertgefühl führt zum Wunsch, durch gute Taten bedeutend zu werden. Manch einer wurde daher Geistlicher.

Jedoch muss man sich hüten, diese Skorpione zu reizen oder zu kränken. Dann fahren sie ihren Stachel aus und stechen unbarmherzig zu. In Partnerschaften versuchen sie, Abhängigkeiten zu schaffen, um den Partner nicht zu verlieren. Auch wenn die Liebe längst erloschen ist, halten sie eifersüchtig an der Beziehung fest und wollen unentbehrlich sein. Auf der Gefühlsebene zeigen sie kontrollierte Triebhaftigkeit, keine Hingabe.

Mond-Skorpione ergreifen gerne Berufe, in denen sie einerseits das menschliche Verhalten erforschen können und andererseits Anerkennung und Bedeutung erlangen. Sie werden Psychologen, Professoren, Ärzte.

DIE ENERGIE DER SKORPIONTAGE

Skorpiontage sind feucht und kühl, unnahbar und ungemütlich. Einige Menschen fühlen sich von der besonders tiefgründigen Energie dieser Tage bedroht. Andere beflügelt sie zu Reisen ins Unterbewusste und zur Selbstfindung – auf jedem Gebiet. Für manch einen bedeuten diese Tage eine Neuordnung und Transformation.

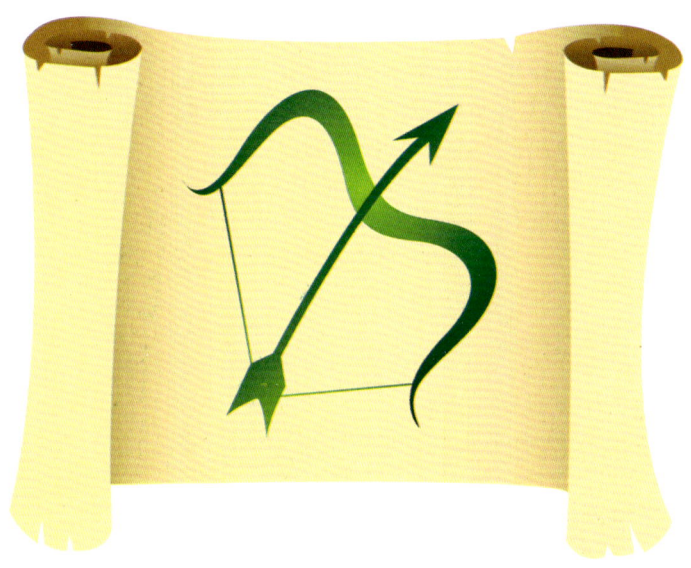

DER MOND IM ZEICHEN SCHÜTZE

Die Sonne durchläuft das Sternzeichen Schütze in der Zeit vom 23. November bis zum 21. Dezember. Schütze-Geborenen werden folgende Eigenschaften zugeschrieben:

Element: Feuer

Herrschender Planet: Jupiter

Temperament: cholerisch

Charakter: extravertiert, gespannt, großzügig, heiter, gesellig, ehrlich, unternehmungslustig, reiselustig, mit guter Intuition, in negativem Zustand überheblich, eingebildet, scheinheilig, selbstgefällig

Qualitäten: warm und trocken

Körperregionen: Körperlich sind den Schütze-Geborenen die Regionen der Oberschenkel und Hüften, Schultern, Arme und Lungen zugeordnet, als Organsystem die Sinnesorgane.

Schütze-Geborene sind geistig rege und körperlich aktiv. Sie sind vielseitig interessiert, lieben Geselligkeit und große Unternehmungen sowie alles, wodurch sie ihr Bewusstsein und ihre Erfahrungen erweitern können. Sie sind redegewandt, belesen und wissensdurstig. In ihrer natürlichen Autorität, mit dem Verständnis für die tieferen Zusammenhänge des Lebens, hat man sie gerne als Freunde und Berater. Und auch dann sind sie bemüht, zwar offen und ehrlich die Wahrheit zu sagen, aber dennoch dabei freundlich und fair zu bleiben. Schützen hassen Oberflächlichkeit in allen Dingen. Allerdings neigen sie zu Lügen, Besserwisserei und Geschwätz, wenn ihr Zeichen negativ besetzt ist. Beruflich streben sie nach Freiheit und Selbstverantwortung, in Verbindung mit Ansehen und Macht, Geld ist weniger wichtig, obwohl sie Wohlstand auch nicht ablehnen. Ihre Berufswahl geht daher in Richtung Lehrer, Geisteswissenschaftler, Politiker, Richter, Pfarrer, aber auch Geograf, Dirigent, Forscher oder Tierarzt.

Der Mond im Sternzeichen Schütze verstärkt das Bedürfnis, etwas Großes, Bleibendes zu leisten. Daher sind diese Menschen immer auf der Suche nach dem Sinn ihres Lebens, um sich selbst zu verwirklichen. Haben sie ihn gefunden, sind sie mit Feuereifer bei der Sache. Oftmals sind sie stark sozial oder psychotherapeutisch engagiert und neigen zuweilen auch dazu, anderen ihre Überzeugungen aufzudrängen. Denn man hält sich für einen ganz besonderen Menschen, mit besonderen Fähigkeiten. Außenseitertum ist vorprogrammiert.

Banale Alltagsdinge treten so in den Hintergrund, Mond-Schützen neigen hier zu Unzuverlässigkeit und Fahrlässigkeit. Eigentlich wollen sie sich nicht mit Banalem abgeben. Oft leiden sie unter starken Stimmungsschwankungen. Auch in ihrem Beruf suchen sie nach Selbstverwirklichung und wählen daher kreativ-schöpferische Tätigkeiten als Verleger, Schriftsteller oder Sozialarbeiter. Manchmal hapert es bei der Ausbildung der Fähigkeiten am Durchhaltevermögen.

In der Liebe sind sie ebenfalls auf der Suche nach dem ganz großen Glück. Oder aber sie ziehen sich zurück, zugunsten ihrer Selbstständigkeit und auch, um Nähe zu verhindern.

Mit auftretenden Krankheiten können sie umgehen, denn sie verstehen sie als Chance oder Ausdruck einer seelischen Störung.

DIE ENERGIE DER SCHÜTZETAGE

Schützetage sind trocken und warm, die Energie macht Lust auf Unternehmungen und Reisen, lässt aber auch zu unüberlegten Handlungen neigen. Man strebt nach neuen Erkenntnissen, ist ganz versessen auf Wissen. Diese Zeit ist gut, um Weiter- und Fortbildung zu fördern.

DER MOND IM ZEICHEN STEINBOCK

Die Sonne durchläuft das Sternzeichen Steinbock in der Zeit vom 22. Dezember bis zum 20. Januar. Steinbock-Geborenen werden folgende Eigenschaften zugeschrieben:

Element: Erde

Herrschender Planet: Saturn

Temperament: melancholisch

Charakter: introvertiert, gespannt, nervös, ehr-
geizig, diszipliniert, beharrlich, fleißig, gründlich,
konzentrationsfähig, negativ ausgeprägt zeigen
sich Starrsinn, Eigennutz, Ungeselligkeit
Qualitäten: kalt und trocken
Körperregionen: Körperlich sind ihnen die Regionen der Knie, Knochen, Gelenke und der Haut
zugeordnet, als Organsystem der Blutkreislauf.

   Mit dem Steinbock tritt die Sonne in den vierten Quadranten des Tierkreises, der durch das
erdige Element bestimmt wird. Demzufolge sind
Steinböcke als Träger des Elementes sehr erd-
verbundene, realistische Menschen mit einem
festen, oft zähen Willen und großem Durchhaltevermögen. Sie handeln nur nach reiflicher vorhe-
riger Überlegung und nur, wenn sie sicher sind,
Erfolg zu haben. Ihr Denken ist gründlich, logisch
und sachlich. Ihr Lebensmotto ist es, die gesell-
schaftlichen Normen zu respektieren und peinlich
genau zu erfüllen und damit diese auch zu erhalten, denn sie bieten Schutz. Dabei werden sie
anderen gegenüber zuweilen etwas schulmeis-
terlich und disziplinierend. Obwohl sie bescheiden sind, eher distanziert und zurückhaltend

im Umgang mit anderen Menschen, streben sie doch nach Ansehen und Anerkennung. Pflichtbewusst verrichten sie ihre Aufgaben. Ihre negativen Eigenschaften können Sturheit und Unbeugsamkeit sein, Steinbock-Geborene sind dann „bockig", steif, krampfhaft und eitel.

Steinböcke ergreifen gerne Berufe im Staats- und Beamtenwesen, in den Rechtswissenschaften, der Theologie oder den Erziehungswissenschaften, manchmal auch in der Buchhaltung oder der Landwirtschaft.

Den Mond im Zeichen Steinbock zu haben, bedeutet, das Leben mit all seinen Pflichten und Aufgaben ernst zu nehmen. Hier wird nicht geschludert, hier wird leistungsorientiert gearbeitet, fast verbissen. Diese Menschen sind alles andere als leichtlebige, fröhliche Wesen. Wenn eine Aufgabe nicht erledigt ist, geben sie nicht eher Ruhe, können sie sich nicht eher entspannt zurücklehnen, bis alles zu ihrer Zufriedenheit erfüllt ist. Insofern fällt es ihnen schwer, abzuschalten, sich gehen zu lassen. Spontaneität ist nicht ihre Stärke. Einige Mond-Steinböcke entwickeln schon mal zwanghafte Verhaltensweisen. Auf emotionalem Gebiet erleben sie Gefühle als beunruhigend und versuchen, sie zu vermeiden, da sie sie verstandesmäßig nicht kontrollieren können. Sie suchen sich Partner, von denen sie gefordert werden oder für die sie ihrerseits Verantwortung übernehmen können.

Im Beruf können sie einiges aushalten, zeigen sehr viel Ausdauer und Einsatzbereitschaft, sie sind als Führungspersönlichkeiten geeignet. Ihr Motto lautet: Vertrauen ist gut – Kontrolle ist besser.

Auf der gesundheitlichen Ebene zeigen sie vor allem an Magen, Knien und der Haut Beschwerden. Durch vorsichtige Lebensweise und ständige Kontrolle ihres Körpers versuchen die Mond-Steinböcke Krankheiten vorzubeugen.

DIE ENERGIE DER STEINBOCKTAGE

Steinbocktage bringen klare, kühle Luft, die nach Erde riecht. Sie sind geeignet, um konzentriert und diszipliniert zu arbeiten und berufliche Dinge zielstrebig in Angriff zu nehmen. Auch unangenehme Tätigkeiten bereiten keine Schwierigkeiten, Feiern und Ausgelassensein sind dagegen nicht angesagt.

DER MOND IM ZEICHEN WASSERMANN

Die Sonne durchläuft das Sternzeichen Wassermann in der Zeit vom 21. Januar bis zum 19. Februar. Wassermann-Geborenen werden folgende
Eigenschaften zugeschrieben:

Element: Luft
Herrschender Planet: Uranus
Temperament: sanguinisch

Charakter: extravertiert, gespannt, schwer zu durchschauen und zu verstehen, leicht exzentrisch, aufgeweckt, erfinderisch, fortschrittlich, geistig aufgeweckt, tolerant, manchmal auch schwärmerisch, leichtfertig, unberechenbar

Qualitäten: warm und feucht

Körperregionen: Körperlich sind ihnen die Regionen der Unterschenkel, Waden und Knöchel zugeordnet, als Organsystem die Drüsen.

Wassermann-Geborene gehören zu den Menschen mit einer schillernden Persönlichkeit. Sie sind zukunftsorientiert und allem Neuen aufgeschlossen, wobei sie mit ihrem Erfindungsreichtum und ihren vielen Einfällen selbst Neuerungen schaffen können. Oft reicht dem Wassermann ein Leben nicht aus, um alle seine Pläne zu verwirklichen. Denn prinzipiell interessiert ihn alles, was sich zwischen Himmel und Erde abspielt – und das will er genau ergründen. Das Ungewöhnliche zieht ihn an. Menschen gegenüber ist er liebenswürdig und gibt sich bescheiden. Der gängigen Ordnung entzieht er sich gerne. Viel lieber schaut er hinter die Kulissen und danach, was die Welt und die Menschen im Innersten zusammenhält und bewegt. Er besitzt meist eine gute Menschenkenntnis. Die negativ besetzten Wassermänner neigen zu Sprunghaftigkeit.

Typische Wassermann-Berufe sind Erfinder und Ingenieur, Techniker, Forscher, Psychoanalytiker, Pilot, Lehrer, Konstrukteur, Zauberkünstler, Schauspieler.

Wassermann-Geborene neigen verstärkt zu Knochenbrüchen, Krampfadern, Blutkrankheiten, Herzleiden.

Der Wassermann-Mond gibt den exzentrischen Menschen zusätzlich das Gefühl, etwas Besonderes und anders als die übrigen Menschen zu sein. Daher gehen viele von ihnen ihren eigenen, individuellen Weg, oft außerhalb der Gesellschaft. Andererseits kann dieser Mond auch große Versagensängste auslösen und zu Depressionen führen.

Gemeinsam ist diesen Mond-Wassermännern, dass ihnen das Wohl der Allgemeinheit sehr am Herzen liegt. Sie engagieren sich gerne für sozial Benachteiligte und Minderheiten. Daher findet man Mond-Wassermänner oft in sozialen Einrichtungen beschäftigt. In dieser Aufgabe und dem Wunsch, die Dinge zu ändern, können sie ganz und gar aufgehen, darunter leidet nur allzu oft ihr Privat- und Familienleben.

In der Liebe sind viele von der Angst bestimmt, durch den Partner zu sehr vereinnahmt zu werden. Daher scheuen sie feste Bindungen, es sei denn mit einem/einer Gleichgesinnten.

Krankheiten gehören nicht zu seinem Lebenskonzept, daher versucht der Mond-Wassermann, sie herunterzuspielen.

DIE ENERGIE DER WASSERMANNTAGE

Die Energie der Wassermanntage ist leicht und luftig. Sie verführt zu geistiger Sprunghaftigkeit und fördert Intuition und Freiheitsliebe. Ausflüge stehen an, aber auch Treffen mit dem Freundeskreis. Soziale Themen treten jetzt in den Vordergrund, man engagiert sich vermehrt auf sozialem Gebiet – oft in der Gruppe. Man ist bestrebt, keine allzu große Nähe entstehen zu lassen.

Doch bei all der Emsigkeit sollte die Gesundheit nicht vergessen werden.

DER MOND IM ZEICHEN FISCHE

Die Sonne durchläuft das Sternzeichen Fische in der Zeit vom 20. Februar bis zum 20. März. Fische-Geborenen werden folgende Eigenschaften zugeschrieben:

Element: Wasser
Herrschender Planet: Neptun
Temperament: phlegmatisch

Charakter: introvertiert, gelöst, mitfühlend, aufopfernd, hilfsbereit, gesellig, fantasievoll, träumerisch, in negativer Ausprägung unaufmerksam, empfindlich, träge, unselbstständig und beeinflussbar

Qualitäten: feucht und kalt

Körperregionen: Körperlich sind ihnen die Regionen der Füße, Verdauungsorgane, Leber und Lunge zugeordnet, als Organsystem die Nerven.

Das Fische-Zeichen ist das letzte im vierten Quadranten, und mit ihm schließt sich der Tierkreis. Fische-Geborene sind vom bestimmenden Element des Quadranten her erdverbunden, und zusätzlich haben sie das Element des Wassers in ihrem Zeichen. Wasser verkörpert Seele, Fische-Geborene sind daher sehr von Gefühlen bestimmt. Sie sind sensibel, einfühlsam und in der Lage, sich für andere aufzuopfern. Aus diesem Grund werden sie auch oft von anderen ausgenutzt.

Sie verlieren leicht den Bezug zur Realität und geraten ins Schwärmen und Träumen, oft bis hin ins Mystische. Realen Auseinandersetzungen entziehen sie sich so gerne.

Auf der anderen Seite können Fische auch sehr gesellig, unterhaltsam und gastfreundlich sein. Sie tanzen gerne. Wobei sie es niemals versäumen, sich den Rückzug in ihre Tagträume offenzuhalten.

Negativ besetzte Fische-Geborene sind daher sehr empfänglich für jede Art von Verführung, sie können korrupt und unaufrichtig sein.

Ein echter Fisch arbeitet mit Flüssigkeiten. Sei es auf dem Wasser als Seemann oder Ähnliches oder einfach im Getränkehandel. Auch in fürsorgenden Berufen und als Apotheker oder Drogist findet man sie, genauso wie als Künstler, Schauspieler, Psychologe oder Schamane.

Der Mond verstärkt an diesen Tagen die Empfindsamkeit der Fische-Menschen. Das selbstlose, aufopfernde Wesen tritt deutlich in den Vordergrund und damit auch die Gefahr, aufgrund allzu großer Hilfsbereitschaft selbst zum Opfer zu werden. Manch einer neigt dazu, die Realität aus den Augen zu verlieren und zum Beispiel die eigenen Bedürfnisse gänzlich zu verleugnen. Das macht sich dann nicht selten in körperlichen und seelischen Beschwerden bemerkbar. Die braucht der Mond-Fisch, um darauf aufmerksam zu werden, sich wieder mehr um sich selbst zu kümmern. Wenn er dies tut, reagiert die Umwelt mit Befremden. Leicht kann ein solcher Fisch dann Schuldgefühle entwickeln.

Keine Frage, man findet Mond-Fische in unterbezahlten sozialen Berufen, da sie sich gerne unter ihrem Wert verkaufen.

In der Liebe geraten diese Menschen oft an Partner, bei denen ihre Bedürfnisse zu kurz kommen. Das erzeugt zwar Unzufriedenheit, doch der Wunsch nach Harmonie kann die Situation völlig verklärt erscheinen lassen.

DIE ENERGIE DER FISCHETAGE

An diesen Tagen gerät man leicht ins Träumen und schwelgt in ausufernden Schwärmereien. Das Wetter ist eher feucht, kühl und neblig-trüb. Man neigt dazu, feste Strukturen aufzubrechen, die Dinge nur schemenhaft wahrzunehmen. Andererseits regt die Energie der Fische-Tage auch zum Nachdenken an, zum In-sich-Gehen. Sehr gut geeignet ist sie auch für Meditationsübungen und übersinnliche Erfahrungen. Tätigkeiten, die Fantasie benötigen, lassen sich jetzt mit Leichtigkeit ausführen.

LEBEN MIT DEN MONDPHASEN

Wie auf den ersten Seiten dieses Buches beschrieben wurde, kann man dem Mond im Laufe einer Erdumkreisung sieben verschiedene Phasen zuordnen: Neumond, zunehmender Mond, Vollmond, abnehmender Mond, Stand in den Tierkreiszeichen, aufsteigender Mond, absteigender Mond.

Die unterschiedlichen Kräfte, die während dieser Phasen wirken, beeinflussen sämtliche Lebensbereiche auf der Erde – von der Ernährung über die Gartenarbeit bis zur Partnerschaft. Man kann sich die Mondenergie zunutze machen, um daraus mehr Erleichterung, Gesundheit und Wohlbefinden zu erfahren.

Dass es einen Zusammenhang zwischen der Sonne, den Gestirnen, dem Mond und dem Leben auf der Erde gibt, wussten unsere Vorfahren schon sehr genau. Denn sie beobachteten die Veränderungen in der Natur, in der Lebensweise von Mensch und Tier sowie ihrer Gesundheit eindringlich und stellten Zusammenhänge her. Dieses Wissen war für sie nicht zuletzt überlebenswichtig. Auf diese Weise entstanden die Tierkreiszeichen, denn man unterschied während eines Jahres zwölf Energieimpulse verschiedener Ausprägung. Auch diese Energien brachte man in Zusammenhang mit den Mondphasen: Die Menschen säten und ernteten nur zu bestimmten Zeiten, sammelten Kräuter, gingen zur Jagd oder schnitten sich die Haare, wenn der Mond eine bestimmte Phase erreicht hatte und in einem bestimmten Tierkreiszeichen stand.

Im Laufe der Jahrhunderte und mit der zunehmenden Technisierung der Welt wurde das Wissen über den Einfluss der Himmelskörper in den Hintergrund gedrängt und vernachlässigt. Die Wissenschaft begann das Leben zu bestimmen, die Einheit von Körper und Seele wurde immer mehr missachtet, die Harmonie mit der Natur und ihren Rhythmen zerstört. Erst in den letzten Jahren begann man, das Wissen der Alten „auszugraben" und neu zu untersuchen beziehungsweise es wieder in den Lebensalltag einzubeziehen.

DER EINFLUSS DES MONDES AUF GESUNDHEIT UND WOHLBEFINDEN

Beim Thema Gesundheit und Wohlbefinden gilt es, in den schnelllebigen Zeiten von Stress und Hektik den eigenen (Bio-)Rhythmus nicht zu verlieren beziehungsweise ihn wiederzufinden und zu versuchen, danach und in Harmonie mit den Mondrhythmen zu leben. Wer die Bedürfnisse des Körpers verleugnet, wird auf Dauer nicht gut damit leben. Im schlimmsten Fall wird er krank werden.

Generell lässt sich die Mondenergie zum Thema Gesundheit nach den unterschiedlichen Mondphasen so klassifizieren:

DER ABNEHMENDE MOND

Bei abnehmendem Mond können die zuvor bei Vollmond gesammelten Energien für körperliche Betätigung eingesetzt werden. Der Organismus ist auf Abgabe, Reinigung und Entgiftung eingestellt, man kann sie von außen gut unterstützen, zum Beispiel durch Trinken von Brennnesseltee. Sämtliche Wirkstoffe, Drogen, Gifte, Medikamente werden schlechter aufgenommen und verarbeitet.

Jetzt können vorbeugende Maßnahmen ergriffen werden. Heilung tritt besser und schneller ein als an anderen Tagen, Wunden bluten weniger. Auch operative Eingriffe haben mehr Chancen auf Erfolg. An den ersten Tagen des abnehmenden Mondes, dem sogenannten Viertelmond, ist der Gang zum Zahnarzt angezeigt, um Zähne zu behandeln, Kronen und Brücken einzusetzen oder Zahnstein zu entfernen.

An den letzten Tagen des abnehmenden Mondes, kurz vor Neumond, kann man Erkrankungen

Um das eigene Wohlbefinden zu gewährleisten, sollte man hin und wieder einen Tag in der freien Natur verbringen und sie genießen.

der Haut behandeln lassen. Die Behandlung von unreiner Haut und Akne ist jetzt günstig. Warzen können entfernt werden.

DER NEUMOND

An Neumond sind die oben beschriebenen Aspekte besonders ausgeprägt. Fasten ist jetzt gut, um die Entgiftungsbereitschaft des Körpers noch zu unterstützen und ihn gründlich zu entschlacken. Ausleitungen von Giften, wie etwa Amalgam, sind an Neumondtagen besonders wirksam. Die Reinigung ist auch deshalb wichtig, damit danach neu aufgenommene Nährstoffe auf einen gereinigten Organismus treffen und den Neuaufbau von Blut, Zellen und Gewebe ermöglichen können, ohne dass sich noch Giftstoffe im Körper befinden.

DER ZUNEHMENDE MOND

Bei zunehmendem Mond werden alle Stoffe, die dem Körper zugeführt werden, Medikamente genauso wie Gifte, Alkohol oder Drogen, besonders gut aufgenommen und haben eine starke Wirkung. Jetzt können körperliche Mangelerscheinungen durch Gabe von Mineralien und Vitaminen gut behoben werden (wobei eine vorherige Entgiftung bei abnehmendem Mond sinnvoll ist). Zähne und Zahnfleisch können jetzt durch Kalzium besonders gut gestärkt werden. Jedoch sollte man an diesen Tagen nie Amalgam- zahnfüllungen ersetzen lassen. Das frei werdende Quecksilber würde besonders gut vom Körper aufgenommen werden.

An diesen Tagen kann der Körper neue Kräfte aufbauen und allgemein Energie speichern; es sollten keine körperlichen Anstrengungen erfol- gen und keine Operationen durchgeführt werden. Gut ist die Zeit für Wellness und Erholung.

DER VOLLMOND

An Vollmond sind die oben beschriebenen Aspekte des zunehmenden Mondes jeweils besonders ausgeprägt. Es ist jetzt sehr empfeh- lenswert zu fasten, um damit den Körper vor den schädlichen Wirkungen von Schad- und Zusatz- stoffen zu schützen, die er über die Nahrung auf- nehmen würde. Um die Nebenwirkungen von Impfungen möglichst gering zu halten, sollte man einige Tage vor Vollmond und am Vollmondtag selbst auf Impfungen verzichten. Eingriffe an den Zähnen und Operationen im Kieferbereich sind an Vollmondtagen besonders schmerzhaft und sollten soweit es geht auf jeden Fall bei abnehmendem Mond durchgeführt werden, denn es kann zu verstärkten Blutungen kommen, und Wunden heilen schlechter.

Wenn der Mond durch ein Tierkreiszeichen läuft, wirken neben den allgemeinen Regeln für die Mondphasen auch die Energien des jeweiligen Zeichens, verbunden mit den Kräften des absteigenden und aufsteigenden Mondes, wie sie beschrieben wurden. Dies bedeutet im Einzelnen für gesundheitliche Fragen:

AN WIDDERTAGEN: KOPF, AUGEN, NASE

Das tut jetzt gut: Widdertage sind Wärmetage, sie trocknen aus. Körperlich sollte man mehr trinken als sonst, am besten stilles Wasser, mindestens 1,5 bis 2 Liter am Tag. Alles, was man für den Kopfbereich einschließlich Augen, Nase/Nasennebenhöhlen Gutes tun kann, um die Funktionen zu stärken, seien es medizinische, gymnastische oder kosmetische Behandlungen, sollten an diesen Tagen vorgenommen werden. Medikamente und Heilkräuter wirken stärker als sonst auf diesen Bereich.

Das sollten Sie vermeiden: Andererseits wirkt auch alles, was die Region Kopf, Augen, Nase belastet, doppelt so stark wie an den übrigen Tagen. Die Erkältungsgefahr ist groß, jetzt können verstärkt Kopfschmerzen und Migräne auftreten. Daher sollte auf Kaffee, Zucker und Schokolade verzichten, wer darauf empfindlich reagiert. An diesen Tagen wie während des gesamten Widder-Zyklusses von März bis April sind Operationen im Kopfbereich nicht zu empfehlen.

Widdertage wirken auf die Kopfregion. Im ungünstigsten Fall kann es zu Kopfschmerzen kommen.

AN STIERTAGEN: HALS UND KEHLKOPF, KIEFER UND ZÄHNE, OHREN

Das tut jetzt gut: Auf der gesundheitlichen Ebene sind nun die dem Stier zugeordneten Bereiche Hals, Kehlkopf, Kiefer, Mandeln und so weiter im Fokus der Energie. Daher sollte man an Stiertagen dieser Körperregion etwas Gutes tun und sie pflegen. Dazu sind vor allem Massagen geeignet. Auch diese Kräfte werden verstärkt.

Das sollten Sie vermeiden: Beanspruchung und Beschwerden verstärken sich, es kommt schnell zu Entzündungen in diesen Bereichen, zu Ohren- und Zahnschmerzen und zuweilen zu Störungen der Schilddrüsenfunktion. Lärm wird deutlicher als sonst empfunden. Man ist besonders kälteempfindlich und sollte sich warm anziehen – auch die Ohren schützen –, um Erkältungen vorzubeugen. Operationen in diesem Bereich sollten möglichst vermieden werden, ebenso wie kieferorthopädische und zahnärztliche Behandlungen. Dies gilt für den gesamten Zeitraum, in dem das Zeichen Stier herrscht.

AN ZWILLINGETAGEN: HÄNDE UND ARME, SCHULTERN UND BRONCHIEN

Das tut jetzt gut: Hier können Fasten und eine Entgiftung des Körpers hilfreich sein, besonders an Voll- und Neumond. Der Mond verstärkt jetzt alles, was in den beherrschten Körperregionen passiert. Salben gegen rheumatische Beschwerden wirken jetzt besonders gut.

Das sollten Sie vermeiden: An Zwillingetagen geht es turbulent zu. Dennoch sollte man sich körperlich nicht verausgaben. Jetzt sind Schulterbereich, Arme und Hände besonders gefährdet. Man sollte sich keinen allzu starken Luftbewegungen aussetzen. Die Lufttage und eventuelle Wetterumschwünge machen Rheumatikern zu schaffen. Operationen in diesen Bereichen sollten vermieden werden, wie übrigens während der gesamten Zwillinge-Zeit vom 22. Mai bis 21. Juni.

AN KREBSTAGEN: BRUST UND LUNGE, MAGEN, LEBER UND GALLE

Das tut jetzt gut: Jetzt sollte man sich um seine Verdauungsorgane wie Magen, Leber und Galle bevorzugt kümmern, sie schonen durch leichte, gesunde Nahrung und wenig Alkohol. Denn an diesen Tagen ist die Leber in ihrer Leistungsfähigkeit eingeschränkt. Krebstage bei abnehmendem Mond zwischen Juli und Januar eignen sich gut zur Entschlackung und Entgiftung des Körpers.

Das sollten Sie vermeiden: Keine fetten Speisen, keinen Alkohol oder Drogen. Giftstoffe verbleiben länger im Körper. Asthmakranke, Menschen mit Bronchitis und Magenproblemen leiden verstärkt unter ihren Beschwerden. Daher alle Tätigkeiten und Orte meiden, die diese Erkrankungen verstärken können. Operative Eingriffe an den besagten Körperregionen und an der Brust sind an diesen Tagen, wenn sie nicht unbedingt nötig sind, wenig heilsam. Sie sollten generell bei abnehmendem Mond durchgeführt werden.

AN LÖWETAGEN: HERZ UND KREISLAUF, RÜCKEN

Das tut jetzt gut: An Löwetagen herrscht Unruhe. Der Kreislauf kommt in Schwung – körperliche Anstrengungen werden gut weggesteckt. Jetzt kann man Rücken, Herz und Kreislauf durch Bewegung, Sport (keinen Leistungssport) und Fitnesstraining stärken, es wirkt besonders gut. An diesen trockenen Tagen sollte man viel trinken. Günstig sind sie außerdem zum Sammeln von Heilkräutern für Herz und Kreislauf.

Das sollten Sie vermeiden: Man sollte all das lassen, was diese drei Körperregionen belastet, wie schweres Heben, Stress, schlechte, zu fette Ernährung, Alkohol und so weiter. Dies gilt besonders für Menschen mit hohem oder niedrigem Blutdruck. Herzoperationen sollten soweit möglich nicht an Löwetagen stattfinden, wie auch nicht in der gesamten Löwe-Periode von Ende Juli bis August.

An Löwetagen kann man Herz und Kreislauf etwas Gutes tun, indem man sich sportlich betätigt. Joggen am Strand stärkt den Körper und tut der Seele gut.

AN JUNGFRAUTAGEN: VERDAUUNGSORGANE, MILZ UND NERVEN

Das tut jetzt gut: Jungfrau-Geborenen werden die Verdauungsorgane, Milz und Bauchspeicheldrüse zugeordnet. Für den Körper bedeutet das, er sollte an diesen Tagen besonders entgiftet und entschlackt werden – wenn dazu noch abnehmender Mond ist, klappt das besonders gut. Diäten, Fastenkuren und andere Reinigungsprozeduren zeigen verstärkte Wirkung, wie zum Beispiel eine Blutreinigung mithilfe von an Jungfrautagen gesammelten Kräutern.

Das sollten Sie vermeiden: Andererseits bedeuten diese Tage für Menschen, die Verdauungsprobleme haben, dass sie anfälliger für Beschwerden in diesen Bereichen sind. Alles, was Magen, Darm und die gesamte Verdauung belastet, sollte jetzt gemieden werden. Dazu gehören vor allem fette und schwer verdauliche Speisen. Auch ein Zuviel an Alkohol ist jetzt besonders belastend.

Operationen an den Verdauungsorganen sollten besser an anderen Tagen und dann bei abnehmendem Mond stattfinden.

AN WAAGETAGEN: HÜFTE, NIEREN UND BLASE

Das tut jetzt gut: An diesen Tagen sind vor allem Blase und Nieren sehr empfindlich und neigen leicht zu Entzündungen. Auch im Bereich der Hüften neigt man vermehrt zu Beschwerden. Daher sollte man sich jetzt warm halten und sehr

viel trinken, vor allem stilles Wasser und harntrei-
bende Tees. Gymnastische Übungen und Yoga-
haltungen, die Lendenwirbelsäule, Hüfte und
Becken trainieren, tun jetzt besonders gut.

Das sollten Sie vermeiden: Operative Eingriffe
an Blase, Nieren und Hüfte sollten an den Waagetagen sowie während des gesamten Zeitrau-
mes, in dem das Waagezeichen herrscht, nicht
stattfinden, außerdem auch nicht an Jungfrau-
und Skorpiontagen.

AN SKORPIONTAGEN: GESCHLECHTSORGANE, HARNLEITER UND UNTERLEIB

Das tut jetzt gut: Es lohnt sich, die Harnwege,
Blase und Geschlechtsorgane an diesen Tagen
durch wärmende Bäder und spezielle Tees zu
stärken. Kräuter, die jetzt gesammelt werden,
entwickeln gute Heilkräfte.

Das sollten Sie vermeiden: Menschen mit emp-
findlichen Harnwegen und Blase sind an diesen Tagen gefährdet. Sie sollten nasse Füße und
Unterkühlungen in der Beckenregion vermeiden. Unterleibs- und Menstruationsbeschwer-
den werden als besonders unangenehm empfunden. Rheumakranke spüren die Feuchtigkeit in

ihren Knochen. Operationen an den Harnwegen, der Blase, den Geschlechtsorganen und der Hüfte sind an diesen Tagen nicht zu empfehlen.

AN SCHÜTZETAGEN: OBERSCHENKEL, VENEN UND UNTERER RÜCKEN

Das tut jetzt gut: An den Schützetagen möchte man sich gerne bewegen und ungewohnte Wege gehen. Doch mit Bedacht. Jetzt sollte man sich Massagen gönnen und in die Sauna gehen.

Das sollten Sie vermeiden: Trotz allen Bewegungsdranges sollte man anstrengende Bewegungen, falsche Schritte und Wanderungen vermeiden, besonders wenn man bereits Beschwerden hat. Jetzt sind vor allem das Kreuzbein, Hüfte und Muskeln der Oberschenkel für Verletzungen anfällig. Ischiasschmerzen können sich verstärken.

Wer wetterfühlig reagiert, hat ebenfalls Beschwerden, denn meist ändert sich an Schützetagen auch das Wetter. Hüftoperationen und Eingriffe an den Oberschenkeln sollten an diesen Tagen wie während der gesamten Dauer des Schützezeichens im Dezember nach Möglichkeit vermieden werden.

AN STEINBOCKTAGEN: HAUT UND KNOCHEN, KNIE UND GELENKE

Das tut jetzt gut: An Steinbocktagen wirkt die Energie vor allem auf unser größtes Organ, die Haut, und die Knie. Das heißt, jetzt sollten diese beiden Bereiche vor besonderen Belastungen geschützt werden, denn der Mond verstärkt ihre Anfälligkeit für Verletzung. Jetzt ist es Zeit für ausgedehnte Hautpflege, sie wirkt am besten bei zunehmendem Mond. Hautreinigung ist besser bei abnehmendem Mond. Leichte Gymnastik zur Dehnung der Bänder und Entlastung der Gelenke ist empfehlenswert. Hauterkrankungen sprechen jetzt gut auf heilende Therapien an.

Das sollten Sie vermeiden: An diesen Tagen sind die Knie schnell überanstrengt, wie auch die übrigen Gelenke des Körpers, die Knochen tun bei ungewohnten Bewegungen weh. Treppensteigen ist erschwert. Die Haut sollte extremer Witterung wie Sonne, Kälte oder Trockenheit nicht ungeschützt ausgesetzt werden. Schnell treten Hautirritationen auf. Operative Eingriffe an den Gelenken, Knien und der Haut möglichst an diesen Tagen vermeiden.

Um die Gelenke zu stärken, sollte man öfter Treppensteigen. Dies gilt auch, wenn ein Aufzug zur Auswahl steht.

AN WASSERMANNTAGEN: UNTERSCHENKEL UND SPRUNGGELENKE, VENEN

Das tut jetzt gut: Wassermann-Geborenen sind Unterschenkel, Sprunggelenk und die Venen zugeordnet. Jetzt lohnt es sich doppelt, die Beine mal hochzulegen. Wohltuende und entkrampfende Salben und Fußbäder wirken andererseits auch besonders intensiv.

   Das sollten Sie vermeiden: Entsprechend sind an diesen Tagen die beiden erwähnten Bereiche verstärkt von Verletzungsgefahr gefährdet. Man sollte alle Anstrengungen für die unteren Beine und Füße vermeiden. Es kann ebenfalls zu Entzündungen der Venen und Wadenkrämpfen kommen. Wer zu Krampfadern neigt, sollte langes Stehen vermeiden. Operative Eingriffe an den Unterschenkeln, Füßen und Venen sind an diesen Tagen nicht zu raten, darüber hinaus auch nicht an Steinbock- und Fischetagen.

AN FISCHETAGEN: FÜSSE UND ZEHEN

An den Fischetagen, am Ende des Tierkreises, sind wir auf der energetischen Reise durch den Körper bei den Füßen angekommen. Der Widder begann am Kopf – die Fische enden an den Füßen.

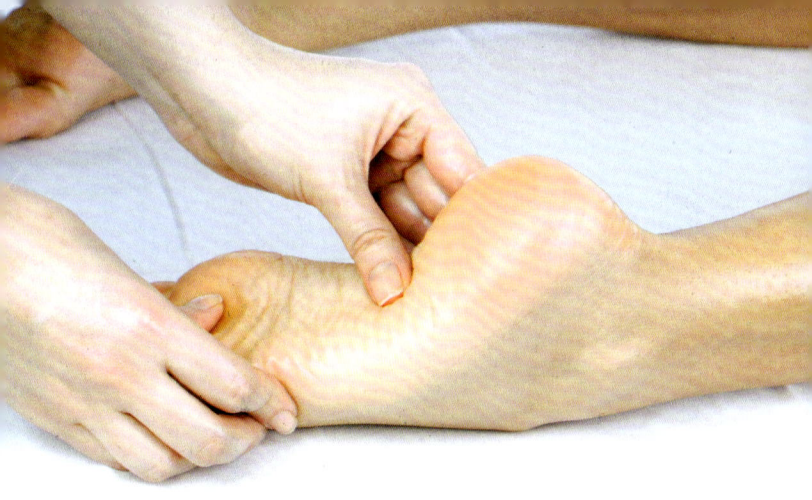

Mit einer Massage der Fußreflexzonen an Fischetagen kann man sämtliche Regionen und Organe des Körpers auf heilsame Weise stimulieren.

Das tut jetzt gut: Jetzt sollte man ein besonderes Augenmerk auf seine Füße und Zehen haben und ihnen Gutes tun. Warzen und Hühneraugen können jetzt gut behandelt werden – vorausgesetzt, es ist abnehmender Mond. Da auf den Reflexzonen der Fußsohlen sämtliche Regionen und Organe des Körpers durch geeignete Massage stimuliert werden können, kann eine solche Behandlung an den Fischetagen heilsam und wohltuend wirken und ist nur zu empfehlen.

Das sollten Sie vermeiden: Jetzt sollte man alles vermeiden, das die Füße und Zehen besonders beansprucht. Außerdem wirken an Fischetagen alle Mittel sehr gut, die den Blick für die Wirklichkeit trüben, Genussmittel wie Nikotin, Medikamente, Drogen und Alkohol. Menschen neigen an diesen Tagen verstärkt zu Suchtverhalten. Hier ist Vorsicht geboten.

Keine operativen Maßnahmen an den Füßen durchführen lassen!

DIE ORGANUHR

Die Organe des Körpers funktionieren nicht den ganzen Tag über auf die gleiche Weise. Wie wir aus der traditionellen chinesischen Medizin wissen, hat jedes Organ eine Aktiv- und eine Passivphase. Jede dieser Phasen beträgt etwa zwei Stunden. Während der aktiven Phase reinigt und entgiftet sich das Organ, um seine Funktion zu erhalten. Das heißt, wenn ein Organ belastet oder durch Krankheit in seiner Funktionsweise (auch der Entgiftung) eingeschränkt ist, wird man während der Zeit seiner aktiven Phase Beschwerden bekommen. Das kann zum Beispiel ein Grund für nächtliche Schlafstörungen sein, die stets zu einer bestimmten Zeit auftreten.

Während der passiven Phase arbeiten die Organe nur mit verminderter Leistung.

Organ	aktive Phase	passive Phase
Magen	7 bis 9 Uhr	9 bis 11 Uhr
Milz	9 bis 11 Uhr	11 bis 13 Uhr
Bauchspeicheldrüse	9 bis 11 Uhr	11 bis 13 Uhr
Herz	11 bis 13 Uhr	13 bis 15 Uhr
Dünndarm	13 bis 15 Uhr	15 bis 17 Uhr
Harnblase	15 bis 17 Uhr	17 bis 19 Uhr
Nieren	17 bis 19 Uhr	19 bis 21 Uhr
Kreislauf	19 bis 21 Uhr	21 bis 23 Uhr
Dreifacher Erwärmer*	21 bis 23 Uhr	23 bis 1 Uhr
Gallenblase	23 bis 1 Uhr	1 bis 3 Uhr
Leber	1 bis 3 Uhr	3 bis 5 Uhr
Lunge	3 bis 5 Uhr	5 bis 7 Uhr
Dickdarm	5 bis 7 Uhr	7 bis 9 Uhr

* Der dreifache Erwärmer ist ein Meridian, der die gesamten Organe und den Geist kontrolliert. Meridiane sind Energiekanäle, die den menschlichen Körper durchfließen und ihm beziehungsweise den einzelnen Organen Lebensenergie zuführen. Die obenstehend aufgeführten Organe sind daher auch mit den ihnen zugeordneten Meridianen gleichzusetzen. Die aktive Zeit ist die Zeit, in der der jeweilige Meridian die meiste Energie zur Verfügung stellt. Die Zeit zwischen 21 und 23 Uhr abends ist die Zeit der allgemeinen Energiesammlung.

Wer nach den Mondphasen und in Bezug zum jeweils herrschenden Tierkreiszeichen die Tätigkeit seiner Organe besonders unterstützen will, kann sich dabei nach der Organuhr richten. Wenn man weiß, dass zum Beispiel die Nieren nachmittags ihre Hochphase haben, kann man gerade dann – also zwischen 17 und 19 Uhr – verstärkt trinken. Auch notwendige Medikamenteneinnahmen oder Entgiftungsmaßnahmen können mit der Organuhr abgestimmt werden.

DER EINFLUSS DES MONDES AUF KÖRPER UND GEIST

Natürlich ist es immer zu empfehlen, sich ab und zu eine Pause zu gönnen, die Seele baumeln zu lassen, ein Wellnesswochenende einzulegen oder nach der Arbeit eine wohltuende Massage zu genießen.

Doch hierbei kann man die Kräfte des Mondes natürlich ebenso gut für sich nutzen wie in anderen Bereichen. Auch hier gilt wie beim Thema Gesundheit generell: Alles, was man für die Körperbereiche tut, die von dem Tierkreiszeichen bestimmt werden, das der Mond gerade durchläuft, wirkt noch intensiver als an anderen Tagen.

Für die einzelnen Mondphasen bedeutet das hinsichtlich des Wohlergehens von Körper und Geist:

DER ABNEHMENDE MOND

Kurz nach dem Vollmond spricht man vom Viertelmond. Die Gefühle beginnen sich wieder zu
ordnen, der Verstand übernimmt langsam wieder
die Kontrolle. Körper und Seele harmonisieren
sich. Jetzt kann man die Erkenntnisse, die man
an den Vollmondtagen erfahren hat, im Alltag
anwenden oder weiter vertiefen. Im Umgang mit
anderen gibt man sich feinfühlig und freundlich.
Die eigenen seelischen Belange stehen ebenfalls im Vordergrund. Man gönnt sich was: Kultur,
Reisen, Bildung, Wellness. Im Laufe der weiteren
Tage des abnehmenden Mondes kann es zu seelischen Konflikten kommen, auch in Verbindung
mit anderen Menschen. Selbstkritisch und empfindlich reagiert man auf sie. Jetzt sind analyti-
sche Gespräche wichtig und wertvoll. Keineswegs
sollte man die entstehenden Wutgefühle nach
innen richten.

Kurz vor Neumond klärt sich die Situation.
Man gewinnt wieder Vertrauen zu sich und dem
Lauf der Dinge. Langsam öffnet man sich neuen
Aufgaben.

Die Haut ist an diesen Tagen trocken, schlecht
durchblutet und daher für alle Arten von Peelings

Der abnehmende Mond ist
eine gute Zeit für Reisen,
um neue Eindrücke und
Erfahrungen zu sammeln
und um sich Kultur und
Bildung zu widmen.

sehr empfänglich. Auch die Behandlung von Akne und Hautunreinheiten ist jetzt ratsam sowie das Entfernen von Körperhaaren, da die Haut unempfindlicher gegen Schmerzen ist.

DER NEUMOND

Bei Neumond kann man, wie bereits beschrieben, den Körper bei allen Arten der Entgiftung und Entschlackung unterstützen, dabei können auch bestimmte Massagen helfen. Der Neumondtag ist außerdem wunderbar für Neuanfänge geeignet, die sich auf das Ablegen ungesunder Gewohnheiten beziehen. Jetzt lässt es sich leichter mit dem Rauchen aufhören, Alkohol- und Kaffeegenuss können ohne große Entzugserscheinungen eingeschränkt werden. Der Körper ist auf Neuanfang, Aufnahme und Verarbeitung neuer Eindrücke und Erfahrungen eingestellt. Auf der psychischen Ebene ist bei Neumond die beste Zeit für Neuanfänge und notwendiges Umdenken, soweit erforderlich. Auch Angelegenheiten, die reifen müssen, können jetzt in Angriff genommen werden. Neue Projekte können selbstbewusst angegangen, lange fällige Gespräche geführt und der Erfahrungshorizont erweitert werden, zum Beispiel durch Reisen oder einen Umzug.

DER ZUNEHMENDE MOND

Mit dem Mond nehmen auch Selbstbewusstsein und Stärke immer mehr zu. Man traut sich schwierige Gespräche und Verhandlungen zu. Die Zeit ist gut, um die eigenen Ziele klar zu formulieren und ihre Verwirklichung in Angriff zu nehmen. Wenn es sein muss, kann man jetzt auch Dinge ansprechen, die einen schon lange stören.

Man schaut optimistisch in die Zukunft und genießt das Leben mit allem, was dazugehört.

Kurz vor dem Vollmond sind die Energien auf Klärung und Ausgleich gerichtet. Man kann sowohl für andere in großem Rahmen sorgen als auch die eigenen Probleme angehen, wenn es sein muss, therapeutisch. Kontakte, die man jetzt knüpft, stehen unter einem guten Stern. Denn jeder ist in der Lage, seine Karten offen auf den Tisch zu legen.

Auf der körperlichen Seite ist die Haut bei zunehmendem Mond gut durchblutet und für reinigende und pflegende Stoffe aufnahmebereit, ebenso wie für heilende Stoffe in Bädern, Aufgüssen und so weiter.

DER VOLLMOND

Der Vollmond bringt es an den Tag: Versteckte Gefühle, unerfüllte Sehnsüchte und Wünsche, aber auch ungezügelte Wut und Hass kommen oft explosionsartig an die Oberfläche. Die Kontrollfunktion des Verstandes funktioniert an diesen Tagen kaum noch. Sie sind daher auch wunderbar

Die Zeit des Vollmondes ist besonders geeignet, um nach innen zu schauen. Körpertherapien wie Yoga sind jetzt sehr günstig.

geeignet, um sich dem eigenen Unbewussten zu widmen, psychologische, esoterische oder spirituelle Themen anzugehen, auch solche über Astrologie und Mondphasen. Denn jetzt ist man besonders empfänglich für dieses Wissen. Auch für Körpertherapien wie bewusstes Atmen und Yoga ist die Zeit des Vollmondes sehr günstig.

DAS TUT JETZT KÖRPER UND SEELE GUT

Widdertage: Man kann sich der Pflege, Reinigung und Straffung der Gesichtshaut widmen und Salben für die Schönheit herstellen. Gesichtspackungen, wohltuende Bäder und Massagen wirken besonders gut und anregend bei zunehmendem Mond. An Neumond können die Nägel an Fingern und Füßen gepflegt werden. Bei abnehmendem Mond ist das Entfernen von Hühneraugen ratsam.

Stiertage: Bäder zur Unterstützung der Heilung sind an allen Tagen wohltuend. Massagen zur Entspannung und Kräftigung der Nackenmuskulatur wirken gut an abnehmendem Mond und Neumond. Eingewachsene Nägel können korrigiert werden.

Zwillingetage: Neumond ist gut zum Haare-
waschen. An allen Tagen wirken anregende Bäder
und entspannende Massagen gut, besonders im
Schulter- und Nackenbereich. Heilkräuter für die
Hautpflege können jetzt gesammelt und zu Kos-
metik verarbeitet werden.

Krebstage: Jetzt sind Entspannungsbäder eine
besondere Wohltat für den Körper. Dampfbäder
für die Bronchien werden gut aufgenommen.
Auch Tees aus Kräutern, die an diesen Tagen
gesammelt werden, wirken heilsam auf Magen,
Galle und die Atmungsorgane.

Löwetage: An Löwetagen sind aphrodisische
Bäder besonders wirksam. Außerdem sind die
Tage gut zum Haareschneiden: während des
abnehmenden Mondes, wenn sie kräftig nachwachsen sollen, bei zunehmendem Mond, wenn
sie schnell nachwachsen sollen.

Jungfrautage: An allen Tagen können die Haare
geschnitten und behandelt werden. Jedoch bei
Vollmond nicht färben. Massagen wirken bei
zunehmendem Mond kräftigend.

Bäder wirken an vielen Tagen günstig auf Organismus und Wohlbefinden. Je nach regierendem Zeichen können sie anregend oder entspannend sein.

Waagetage: Erschöpfung und Trägheit können durch anregende Bäder bekämpft werden. Bei Vollmond kann die Haut durch pflegende Maßnahmen wie Reinigung oder Massage gestrafft, genährt und die Durchblutung gefördert werden. Gut für Nagel- und Haarpflege.

Skorpiontage: Entspannungsbäder, gymnastische Übungen, Massagen und ausgiebige Pflege der Finger- und Fußnägel sind bei Neumond und zunehmendem Mond günstig. An allen Tagen ist das Sammeln von Heilkräutern für die Schönheitspflege und zur Blutreinigung gut.

Schützetage: Die Pflege von Körper und Seele durch entspannende Bäder, Massagen und Saunabesuche ist an diesen Tagen besonders wirksam. Kann durch Fußreflexzonenmassage unterstützt werden.

Steinbocktage: Bei zunehmendem Mond ist die Zeit günstig für eine aufbauende und entzündungshemmende Pflege der Haut. Bei abnehmendem Mond kann eine Tiefenreinigung (kein Peeling!) erfolgen. Außerdem ist die Zeit gut für intensive Hand- und Fußpflege inklusive der Maniküre der Nägel. Übungen, die die Gelenke stärken, wirken gut.

Wassermanntage: Massagen für die Beine sind jetzt gut, vor allem mit Arnika als Wirkstoff. Das belebt und fördert die Durchblutung. Beine zwischendurch öfter mal hochlegen. Anregende Bäder nehmen. Heilkräuter sammeln und Kräuterkissen fertigen.

Fischetage: Massagen und wohltuende Bäder für die Füße wirken jetzt besonders gut, auch eine Fußreflexzonenmassage. Entspannungsübungen sind empfehlenswert. Die Zeit ist günstig zum Sammeln von Heilkräutern und Herstellen von Salben.

DER EINFLUSS DES MONDES AUF DIE ERNÄHRUNG

Wer sich gesund ernähren will, ist gut beraten, sich auch nach den Phasen des Mondes zu orientieren. Denn wie bei all den anderen Bereichen wirken die Energien, die der Mond während seines Durchgangs durch die Tierkreiszeichen auf die Menschen und in diesem Fall die Lebensmittel wirken lässt, unterschiedlich. Wenn wir uns zum Beispiel nach einer Mahlzeit besonders schlapp und müde fühlen, ist das nicht dem „normalen" Verdauungsvorgang zuzuschreiben, sondern dem Umstand, dass wir etwas gegessen haben, das unserem Organismus an diesem Tag nicht guttut.

So können wir an einigen Tagen Kohlehydrate besser verdauen, an anderen schaden uns tierische Fette. Die Inhaltsstoffe der Nahrung, zum Beispiel das Mehl im Brot, die Milch im Käse, haben an einem Kohlehydrat- oder Eiweißtag eine andere Qualität als sonst. Darüber hinaus gibt es verschiedene Ernährungs- und auch Blutgruppentypen, die wiederum bestimmte Lebensmittel gut, andere schlecht verwerten und verdauen können. Doch so weit wollen und können wir in diesem Buch nicht ausholen. Das würde den Rahmen sprengen.

Hier erfahren Sie, was an welchen Tagen besonders nahrhaft und für den Organismus gut verträglich ist.

Ausgehend von der Einteilung der Tage in die unterschiedlichen Nahrungsqualitäten, sollte man seine Essgewohnheiten anpassen.

Grundsätzlich werden vier verschiedene Nahrungsqualitäten unterschieden: Eiweiß, Salz, Fett, Kohlehydrate.

◖ Tage mit Eiweißqualitäten wirken günstig auf die Sinnesorgane und den gesamten Organismus.

◖ Tage mit Salzqualitäten sind besonders günstig für die Blutbildung und die Versorgung des Blutes mit Nährstoffen.

◖ Tage mit Fettqualitäten, zu denen auch Öle gezählt werden, haben positiven Einfluss auf das Drüsensystem des Körpers.

◖ Tage mit Kohlehydratqualitäten zeigen eine günstige Wirkung auf das Nervensystem.

Die verschiedenen Tagesqualitäten sind verschiedenen Tierkreiszeichen zugeordnet, sodass die Aufteilung folgendermaßen aussieht:

Eiweißqualität: Hierzu zählen Widder, Löwe, Schütze.

Salzqualität: Hierzu zählen Stier, Jungfrau, Steinbock.

Fettqualität: Hierzu zählen Zwillinge, Waage, Wassermann.

Kohlehydratqualität: Hierzu zählen Krebs, Skorpion und Fische.

Von dieser Einteilung ausgehend, sollte man sich und seine Essgewohnheiten beobachten. Was schmeckt einem an welchen Tagen besonders gut, worauf hat man Appetit? Beim Vergleich mit den Angaben zu den Nahrungsqualitäten stellt man vielleicht fest, dass man gerade dann das Falsche ist. Das gilt vor allem für Menschen, die gesundheitliche Beeinträchtigungen in den Bereichen haben, die bei ihrem Sternzeichen aufgezählt wurden. Andere Menschen, die gesund sind, verspüren zum Beispiel an Erdtagen besonderen Appetit auf salzhaltige Speisen. Das passt, und darauf kann der Speiseplan abgestimmt werden.

Abgesehen von bestimmten Handicaps wie Nahrungsmittelunverträglichkeiten, Allergien und anderen Beschwerden – hier ist generell einmal darüber nachzudenken, welche Aussagen unseres Unterbewussten hinter diesen Beschwerden stecken könnten – ist es sinnvoll, im Verlaufe eines Monats die vier Nahrungsqualitäten bei der Ernährung entsprechend Mondstand und Tierkreiszeichen zu berücksichtigen. Dabei hilft der Mondkalender ab Seite 166.

Für den Anfang ist es außerdem empfehlenswert, sich etwa vier Wochen lang täglich Aufzeichnungen über das Essen und die Verträglichkeit zu machen. Was ist mir wann am besten bekommen? Nach welchen Speisen wurde ich besonders müde? Welche Lebensmittel haben Blähungen und Völlegefühl verursacht? Man wird schnell feststellen, dass die Aussagen für ein und dieselbe Speise an verschiedenen Tagen unterschiedlich sein wird.

Dem liegt zugrunde, dass während der verschiedenen Mondphasen die Nahrung im Körper unterschiedlich aufgenommen, verdaut und verwertet wird.

DER ABNEHMENDE MOND

Die Tage des abnehmenden Mondes wirken auf den Körper anregend. Der Organismus bereitet sich auf Entgiftung und Entschlacken vor. Jetzt ist eine gute Zeit, um etwas für die Fettverbrennung zu tun. Abnehmen fällt jetzt leicht. Viele Menschen essen bei abnehmendem Mond instinktiv weniger, um die Entschlackung zu unterstützen. Andere berichten, dass sie an diesen Tagen mehr essen können, ohne zuzunehmen. Auch das stimmt, denn der Körper setzt die Nahrung schneller und leichter um und verdaut sie gut. Dabei wird mehr Energie verbraucht, was zu weniger Fettansatz führt. Doch im Sinne der Mondphasen ist das nicht.

Die Nahrung, die man zu sich nimmt, sollte ballaststoffreich und leicht verdaulich sein. Man sollte solche Lebensmittel, Kräuter und Gewürze verwenden, die die Verdauung fördern und die Reinigung und Entgiftung des Körpers unterstützen. Wer unter einer trägen Verdauung leidet, sollte diese anregen. Je länger Ausscheidungsprodukte im Körper verbleiben, desto länger belasten ihn auch Nahrungsgifte und unverdauliche Bestandteile.

Das tut jetzt gut: Bei träger Verdauung hilft ein Glas lauwarmes Wasser mit einer Prise Ingwer am Morgen auf nüchternen Magen getrunken. Außerdem sollten pflanzliche Öle und Fette verwendet werden, vorwiegend kalt gepresst und mit vielen ungesättigten Fettsäuren. Verdauungsförderndes Obst sind Äpfel, Birnen, Trauben, Kirschen. Feigen, Pflaumen und Trockenobst wirken leicht abführend.

Zu den Gemüsesorten, die jetzt empfehlenswert sind, gehören: Rhabarber, Gurke, Kürbis, Spargel, Fenchel, Sellerie, Artischocken, Knoblauch, Meerrettich. Sie wirken unter anderem harntreibend.

Viele Kräuter haben eine gesundheitsfördernde Wirkung: Rosmarin enthält ein ätherisches Öl, das entspannend wirkt.

Folgende Gewürze unterstützen die Verdauung ebenfalls: Cayennepfeffer, schwarzer Pfeffer, Paprikapulver, Zimt, Nelken, Ingwerpulver, Senfpulver.

Folgende Kräuter wirken jetzt günstig auf den Organismus und wirken teilweise harntreibend: Dill, Bärlauch, Rosmarin, Petersilie, Kerbel, Zitronengras, Koriander, Liebstöckel, Estragon, Brunnenkresse, Bohnenkraut.

Wer möchte, kann die Blutreinigung mit Tees unterstützen: Hier sind Brennnessel, Sonnenhut, Taubnessel, Walnussblätter, Ringelblume, Spitzwegerich und Myrrhe zu empfehlen.

Außerdem wird die Blutreinigung und Entgiftung durch einen regelmäßigen Obst- oder (Gemüse-)Safttag unterstützt, bevorzugt an Tagen des abnehmenden Mondes, der in den Tierkreiszeichen Widder, Löwe oder Schütze steht. Ob man dann rohes oder gekochtes Obst zu sich nimmt, kommt auf die Verträglichkeit an. Auf jeden Fall sollte es jedoch Bioobst und Saft von Biogemüse sein, das in der Region wächst und nicht von weither importiert wird.

Das sollten Sie vermeiden: Nicht zu empfehlen, weil besonders belastend, sind an diesen

Tagen – besonders für Menschen mit träger Verdauung – geschälter Reis, Auszugsmehle, Wurzelgemüse, Mayonnaise, Hartkäse, Eier, Speck, dunkles Fleisch, Eis, Schokolade, weißer Zucker. Diese Lebensmittel regen die Verdauung nicht an, sondern belasten sie eher.

DER NEUMOND

An Neumondtagen hat der Entgiftungs- und Entschlackungsprozess des Körpers seinen Höhepunkt erreicht. Langsam stellt sich der Organismus wieder auf Neuanfang, Aufbau und Kräftesammeln ein. Tage oder Wochen zuvor begonnene Fasten- oder Diätkuren sollten jetzt zu einem Ende gebracht werden.

Das tut jetzt gut: Am eigentlichen Neumondtag kann man mit einem Fastentag, an dem Kräutertee getrunken wird, die Entgiftungskur abschließen. Danach sollte man den Körper langsam wieder aufbauen. In den ersten Tagen leicht verdauliche Speisen zu sich nehmen, warme Suppen und gekochtes Gemüse essen. Gönnen Sie Ihrem Körper viel Ruhe! Kräutertee und warme Milch sind als Getränke zu empfehlen. Ein Obst-/

An einem Neumondtag hilft ein Safttag dem Körper zu entschlacken. Ob Gemüse- oder Obstsaft, ist dabei nicht entscheidend.

Gemüse- oder Safttag an Widder-, Löwe- und Schützetagen tut gute Wirkung. Dazu siehe auch Seite 106.

Das sollten Sie vermeiden: An Neumond sollte auf Rohkost und andere rohe Speisen wie roher Fisch oder rohes Fleisch verzichtet werden. Blähende Gemüsesorten wie alle Kohlarten sind jetzt ungünstig, ebenso Trockenobst, unreife und saure Früchte. Auch koffeinhaltige Getränke (Kaffee, Tee, Cola) und Alkohol sollten vermieden werden.

DER ZUNEHMENDE MOND

Wie oben erwähnt, ist der Körper jetzt wieder auf Kräftigung und die Aufnahme von Nährstoffen eingestellt. Alles, was ihm jetzt zugeführt wird, wird langsamer als sonst aufgenommen, umgesetzt und verdaut. Jetzt sollten Menschen, die zu Fettleibigkeit neigen, besonders auf ihre Nahrung achten und weniger beziehungsweise bewusster essen. Alle Menschen sollten auf gesunde und nährstoffreiche Lebensmittel achten, da jede Art von unverträglichen oder Giftstoffen den Körper jetzt mehr belasten als sonst. – Davon abgesehen wird, wer sich gesund ernähren will, sowieso generell Lebensmittel aus kontrolliert biologischem Anbau wählen.

Das tut jetzt gut: alle Lebensmittel, die leicht verdaulich sind, wie frisches Obst und Gemüse. Vollkornprodukte, Brot, Nudeln, Reis, die reichlich Nährstoffe liefern, wobei alles, was aus Dinkel oder Grünkern (= gerösteter Dinkel) zubereitet wird, am meisten zu empfehlen ist. Dinkel enthält (fast) alles, was der Körper braucht, in einem ausgewogenen Verhältnis, sowohl in der Hülle wie im Korn selbst. Selbst ausgemahlenes Dinkelmehl enthält noch mehr Nährstoffe als Weizenauszugsmehl. Auch ist Dinkel gegen Gifte aus Luft und Boden resistenter als andere Getreidesorten, da das Korn von mehreren Schichten umschlossen ist.

Das sollten Sie vermeiden: Versteckte Fette in Wurst und Käse, leere Kalorien in Zucker und Auszugsmehl, tierische Fette in Butter und Schokolade, Fast Food, all dies ist jetzt besonders schädlich für den Organismus. Er braucht viel Energie, um solche Nahrung zu verdauen. Der

Alkoholgenuss ist an Tagen des zunehmenden Mondes besonders ungesund.

109

Genuss von Alkohol sollte auf die unschädliche Menge (Frauen 10 g, Männer 20 g pro Tag) reduziert werden.

DER VOLLMOND

Auch an Vollmond beansprucht der Körper Ruhe und Erholung. Denn es deutet sich ein Phasenwechsel an, auf den man sich vorbereiten muss. Nun kann allmählich die Entgiftungsphase wieder eingeleitet werden. Wer will, kann jetzt mit einer Fastenkur oder Diät beginnen, die an Neumond endet.

Das tut jetzt gut: An Vollmond stellt sich der Organismus allmählich wieder auf Reinigung und Entgiftung ein. Man kann dies durch einen Fasten-, Obst- oder Gemüsetag unterstützen. Auf jeden Fall aber sollte man wieder leicht Verdauliches zu sich nehmen.

Das sollten Sie vermeiden: Fette, salzhaltige Speisen, in Fett Gebratenes und Frittiertes belasten jetzt die Verdauung und das Herz-Kreislauf-System besonders. Auch Mehlspeisen und mit Mehl gebundene Soßen führen leicht zu einem

Völlegefühl. Auf Alkohol und Koffein sollte man nach Möglichkeit ganz verzichten.

EINIGE ERNÄHRUNGSTIPPS

Für eine gesunde Ernährung in Verbindung mit den Mondphasen möchten wir Sie noch auf einige weitere Zusammenhänge hinweisen. Zwar wird oft gesagt, wir sollen viel Obst und Gemüse essen, doch ist es mindestens genauso wichtig, welche Obst- und Gemüsesorten wir zusammen auf den Speiseplan setzen. Auch das Verhältnis roh-gekocht spielt bei der Nahrungsaufnahme eine Rolle.

- Rohes sollte man immer vor Gekochtem essen, das heißt, Salat oder Rohkost sollten generell vor der warmen Speise serviert werden.
- Obst sollte noch vor dem Salat gegessen werden.
- Brot kann zum Salat oder auch danach auf den Tisch kommen.
- Erst dann sollten die schwerer verdaulichen Speisen wie Fleisch, Kartoffeln, gekochtes Gemüse und Eier sowie Käse folgen.
- Süßspeisen stehen am Schluss der Speisefolge.

◐ Wie in der Landwirtschaft nur Pflanzen zusammen angebaut werden, die sich in ihrer Wirkung ergänzen, wird auch für die Zusammenstellung der Speisen eine gesunde Mischung empfohlen.

◐ Außerdem sollten Wurzelgemüse und solches, das über der Erde wächst, immer zusammen gegessen werden und nicht nur eine Art vorgezogen werden. Die unterschiedlichen Qualitäten (Wurzel und Frucht) werden so ausgeglichen.

◐ Zum Beispiel harmonieren Kartoffeln gut mit Spinat und Kräutern wie Schnittlauch und Dill. Tomaten kann man zusammen mit Zwiebeln, Lauch, Radieschen und Blattsalat essen. Zwiebeln passen zu Gurken, Zucchini, Karotten und Rote Bete. Sie fördern sich in ihrem Wachstum auf dem Feld und auch in der Verdauung im menschlichen Organismus.

◐ Vieles passt nicht zusammen beziehungsweise hemmt sich in seinem Wachstum, wie zum Beispiel Zwiebeln und Spargel, aber kaum einer würde diese Zusammenstellung wählen. Andererseits passen auch Tomaten und Gurken nicht zusammen, diese Kombination findet man jedoch häufig als Salat vor. Doch wie fühlt man sich nach dem Genuss?

◐ Probieren Sie einfach einige Kombinationen aus und achten Sie – in Verbindung mit der Wirkung der Mondphasen – auf die Wirkung in Ihrem Körper. Dann finden Sie leicht selbst heraus, was Ihnen wirklich guttut und was nicht.

DER EINFLUSS DES MONDES AUF HAUSHALT UND HEIMWERKEN

Was den Haushalt angeht, gibt es eigentlich immer etwas zu tun. Waschen, kochen, putzen – eines davon fällt täglich an. Berufstätige müssen den Haushalt nebenher erledigen. Alles muss schnell gehen, gut, dass es für jedes Problem scheinbar ein Mittel gibt, das rasche Hilfe verspricht, egal, ob Flecken in der Wäsche oder Schimmel an der Decke. Im modernen Haushalt wird das passende Spray verwendet, und das Problem sollte gelöst sein. Dass damit auch einige Chemikalien versprüht werden oder ätzende Stoffe ins Grundwasser gelangen, ist der Preis für die schnelle Lösung. Viele der Stoffe lösen zudem Allergien aus.

Schließlich kann man dem aus dem Weg gehen, wenn man die natürlichen Mittel und Kräfte zu Hilfe nimmt, zum Beispiel die des Mondes – abgesehen davon wird dadurch auch die Umwelt geschont.

Grundsätzlich gilt auch hier die Regel: Alles, was mit Reinigen, Entfernen, Ausleiten zu tun hat, lässt sich bei abnehmendem Mond einfach und leicht durchführen. Bei zunehmendem Mond quält man sich mit Schmutz und Flecken herum, ohne dass es eine lang anhaltende Wirkung gibt oder die Flecken dauerhaft verschwinden.

Auch für Haushalt und Heimwerken kann es hilfreich sein, sich nach den Mondphasen zu richten, um optimale Ergebnisse zu erzielen.

Auch andere Tätigkeiten im Haushalt, zum Beispiel das Einkochen von Marmelade, das Gießen der Zimmerpflanzen genauso wie das Streichen der Wände, können mit der Kraft des Mondes und der Tierkreiszeichen besser ausgeführt werden.

Für einzelne Bereiche bedeutet das:

PUTZEN, REINIGEN UND LÜFTEN

Fenster putzen: Hierfür ist die Zeit am besten bei abnehmendem Mond an einem Luft- oder Wärmetag, also an Widder-, Zwillinge-, Löwe-, Waage-, Schütze- oder Wassermanntagen. Dann genügt klares Wasser, eventuell mit etwas Spiritus zum Reinigen, und die Fenster bleiben lange sauber, ohne dass sich Streifen bilden. Das gilt auch für andere Glasgegenstände und den Bildschirm von PC oder Fernsehapparat. Bei zunehmendem Mond werden Sie dagegen keine lange Freude an sauberen Fenstern haben.

Die Rahmen der Fenster werden bei abnehmendem Mond an einem Wassertag (Krebs, Skorpion, Fische) nachhaltig sauber.

Fußböden reinigen: Bei abnehmendem Mond können Holz, Parkett, Laminat und Teppichboden gründlich gereinigt und gesaugt werden. An den übrigen Tagen reicht Kehren oder feuchtes Durchwischen an einem Lufttag (Zwillinge, Waage, Wassermann).

Chemisch reinigen: Wer Kleidung chemisch reinigen lassen will, sollte den abnehmenden Mond bevorzugen, alle Tage außer Steinbocktage. Die Textilien werden dann weniger angegriffen von den Chemikalien.

Staub wischen: Staub wischen ist bei abnehmendem Mond an Kältetagen, also Stier, Jungfrau und Steinbock, am effektivsten.

Frühjahrsputz: Zum gründlichen Reinigen des gesamten Hauses oder der Wohnung, einschließlich Speicher, Keller und Garage, bieten sich die Lufttage bei abnehmendem Mond an. Besonders dafür geeignet sind im Frühjahr die Wassermanntage. Der große Putz kann sich dann bis in die Fischetage hineinziehen, die Wassertage sind zum intensiven Reinigen noch besser geeignet.

Sommer-/Winterkleidung einlagern: Nach dem Waschen oder Reinigen kann die Kleidung ebenfalls bei abnehmendem Mond für längere Zeit eingelagert werden. Wenn dies an Lufttagen (Zwillinge, Waage, Wassermann) geschieht, kann man sogar auf den Mottenschutz verzichten. Ein Lavendelsäckchen sorgt für einen angenehmen Duft.

Schuhe putzen: Auch hierfür sind die Tage des abnehmenden Mondes an den Lufttagen (Zwillinge, Waage, Wassermann) günstig. Das Leder wird durch die Schuhcreme besser und nachhaltiger gepflegt und widerstandsfähiger gegen Witterungseinflüsse. Hartnäckige Verschmutzungen lösen sich leichter.

Wäsche waschen: Wäsche wird am besten bei abnehmendem Mond an Wassertagen (Krebs, Skorpion, Fische) gewaschen. Dann genügt schon wenig Waschpulver, um dennoch eine gute Reinigungskraft zu erzielen. Die Textilien werden geschont.

Flecken entfernen: Das ist bei abnehmendem Mond an Wassertagen besonders zu empfehlen.

Dann tun auch natürliche Fleckentferner ihre Wirkung.

Bügeln: Wie leicht sich Wäsche bügeln lässt, hängt davon ab, wie sie getrocknet wurde. Bei zunehmendem Mond sollte Wäsche schon beim Aufhängen sehr glatt gezogen werden, sodass keine Falten entstehen. Die lassen sich nämlich kaum wieder herausbügeln. Leichter geht das Bügeln bei abnehmendem Mond. Empfindliche Stoffe wie Seide und schwarze Gewebe wenn möglich niemals an Steinbocktagen bügeln. Sie werden sonst „speckig" und glänzen.

Geschirr reinigen: Hartnäckig verschmutztes Porzellan, zum Beispiel durch Kaffee oder Tee, wird schnell sauber bei abnehmendem Mond an einem Wärmetag (Widder, Löwe, Schütze). Dann verkratzt es auch nicht so leicht, die Farben verblassen nicht so schnell.

Metalle reinigen beziehungsweise putzen: Kupfer, Messing und Silber laufen schnell an und werden unansehnlich. Edelstahl wird ebenfalls schnell stumpf. Den strahlenden Glanz dieser

Metalle bekommt man schnell zurück, wenn sie bei abnehmendem Mond an Lufttagen (Zwillinge, Waage, Wassermann) mit einfachen Mitteln geputzt werden. Silber wird mit verdünntem Salmiak geputzt, Messing mit einer Paste aus Steinmehl und Salz (zu gleichen Teilen mischen), die mit etwas Essig verrührt werden. Kupfer glänzt nach dem Putzen mit heißem Essig und etwas Salz, und Edelstahl wird mit Steinmehl wieder glänzend.

Zum Putzen von Silberbesteck sind die Tage des abnehmenden Mondes besonders günstig, vor allem wenn es Lufttage sind.

Lüften: Es versteht sich von selbst, dass die Zimmer, aber auch Betten und Matratzen regelmäßig gelüftet werden sollten. Am besten und für längere Zeit sollte dies jedoch nur an Luft- und Wärmetagen (Widder, Zwillinge, Löwe, Waage, Schütze, Wassermann) während des abnehmenden Mondes geschehen. An allen anderen Tagen ist kurzes Lüften besser. Besonders an Wassertagen (Krebs, Skorpion, Fische) und bei zunehmendem Mond ziehen Kissen und Matratze sonst Feuchtigkeit an, was vor allem Rheumatikern sehr zu schaffen machen könnte. Dasselbe gilt übrigens auch für das Lüften von Kleider- und Schuhschränken.

KOCHEN, BACKEN UND KONSERVIEREN

Kochen: Natürlich kann man nicht nur an besonderen Tagen kochen, denn Hunger hat man jeden Tag. Doch gibt es in der Tat Tage, an denen das Essen leichter gelingt und/oder besser schmeckt. Fleisch wird zarter, Gemüse bleibt knackiger, Soßen, Cremes und Puddings bekommen genau die gewünschte Konsistenz. Dies ist der Fall bei abnehmendem Mond an den Wassertagen von Krebs und Fischen, zuweilen auch an den Lufttagen im Zeichen Waage. An Wärmetagen (Widder, Löwe, Schütze) dagegen kann es sein, dass das Kochen weniger Spaß macht und das Essen auch nicht so recht schmecken will.

Backen: Brot und Brötchen werden am besten bei abnehmendem Mond an Luft- und Wärmetagen (Widder, Zwillinge, Löwe, Waage, Schütze, Wassermann) gebacken. Kuchen und Gebäck dagegen gelingt besser bei zunehmendem Mond an Luft- und Wärmetagen. Probieren Sie es aus.

Einkochen von Obst und Gemüse: Zum Einkochen von Marmelade, zum Herstellen von Chutneys und Relishes oder zum Einmachen von Obst und Gemüse sind die Wärmetage (Widder, Löwe, Schütze) des zunehmenden Mondes sehr günstig, vor allem wenn sich der Mond in einer aufsteigenden Phase befindet.

Wollen Sie dagegen Wurzelgemüse wie Karotten, Schwarzwurzeln, Sellerie, Rote Bete einkochen, sind dafür die Stier- und Steinbocktage des abnehmenden Mondes zu empfehlen, die auch als Wurzeltage bezeichnet werden (siehe Seiten 134 f.).

Brot und Brötchen werden am besten bei zunehmendem Mond an Luft- oder Wärmetagen gebacken.

Einfrieren: Obst und Gemüse können auch durch Einfrieren konserviert werden. Dazu sind vor allem die Wärmetage von Widder, Löwe und Schütze günstig.

Kräuter sammeln: Kräuter können am besten im Frühjahr gesammelt werden, wenn die Pflanzen wachsen und ihre meiste Heilkraft entfalten. Generell sind die Kräuter an den Tagen am heilsamsten für die Beschwerden und Körperbereiche beziehungsweise -organe, an denen das Tierkreiszeichen herrscht, das sie bestimmt (siehe Tabellen auf den Seiten 22/23 und bei den jeweiligen Tierkreiszeichen). Sie sollten an diesen Tagen auch gesammelt werden.

Wurzeln lassen sich am besten morgens und abends ausgraben, Blätter am Vormittag. Blüten entfalten ihre stärkste Heilkraft, wenn die Sonne scheint. Dann ist der beste Zeitpunkt, um sie zu pflücken.

Kräuter trocknen und lagern: Frisch gesammelte Kräuter können durch sachgerechtes Trocknen und Lagern für längere Zeit – jedoch nicht länger als ein Jahr – haltbar gemacht werden. Am besten sind hierfür die Tage des abnehmenden Mondes geeignet. Wenn er gerade die Tierkreiszeichen Zwillinge, Waage und Wassermann durchläuft, ist die Zeit besonders gut. Getrocknet werden sollten die Kräuter nicht direkt in der Sonne, sondern an einem warmen, schattigen und trockenen Ort. So schimmeln sie nicht. Aufbewahrt werden Kräuter in dunklen, luftdicht verschlossenen Gefäßen, zum Beispiel Apothekergläsern.

Frisch gehackte Kräuter können natürlich auch eingefroren werden.

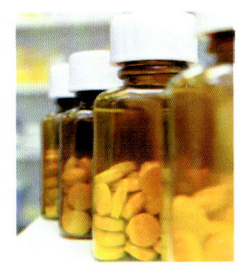

Selbst gesammelte Kräuter können in dunklen Apothekergläsern am besten aufbewahrt werden, in denen sonst Tabletten gelagert werden.

STREICHEN, VERLEGEN UND RENOVIEREN

Wer handwerklich begabt ist, kann die ein oder andere Tätigkeit im Haus selbst erledigen, das spart Geld und ist für denjenigen vielleicht sogar ein schönes Hobby. Wie bei allen anderen Lebensbereichen gehen auch hier bestimmte Arbeiten leichter von der Hand, sind dauerhafter und erfolgreicher und sehen besser aus, wenn sie in Einklang mit der Kraft des Mondes durchgeführt werden.

Streichen und lackieren: Zum Streichen und Lackieren von Wänden, Fenstern, Türen, Möbeln oder auch der Hausfassade ist der abnehmende Mond am günstigsten. Die Farbe lässt sich leicht auftragen, deckt gut und trocknet schnell. Hier sind besonders die Luft- und Wärmetage (Widder, Zwillinge, Waage, Schütze, Wassermann) außer an Löwetagen besonders geeignet. Die Tage von Krebs, Skorpion und Fische sind nicht zum Streichen geeignet, da an ihnen die Farben zu langsam trocknen und die Lösemittel zu stark ausdämpfen.

Schimmel und Feuchtigkeit entfernen: Schimmel in der Wohnung ist unangenehm und gesundheitsschädlich. Es sollte erst gar nicht dazu kommen, dass sich Feuchtigkeit und Schimmel bilden. Man kann ihnen zum Beispiel durch regelmäßiges Lüften begegnen (siehe Seite 119). Wenn es doch zu Schimmelbildung kommt, kann ihm an den letzten Tagen des abnehmenden Mondes, kurz vor Neumond, an Luft- und Wärmetagen erfolgreich zu Leibe gerückt werden. Oftmals reichen dann das Schrubben mit Essigwasser und anschließendes gründliches Trocknen. Schimmel an Wassertagen (Krebs, Skorpion, Fische) zu beseitigen führt niemals zum gewünschten Erfolg.

Ungeziefer bekämpfen: Zum Bekämpfen von Fliegen, Ameisen, Motten und anderem Ungeziefer ist der abnehmende Mond am besten geeignet. Denn das ist auch die Zeit für gründliche Reinigung der Räume, Lüften und so weiter.

Holz fällen: Holz ist ein „lebender" Werkstoff, der auch nach dem Fällen des Baumes noch arbeitet, wie man sagt. Daher kann es hier ganz wichtig sein, die Mondphasen bereits beim Gewinnen des Holzes zu berücksichtigen. Vorausgesetzt, das Holz soll in der Wohnung oder im Haus an Decke oder Fußboden verarbeitet werden. Hierfür ist die Winterzeit zwischen dem 21. Dezember (Wintersonnenwende) und Anfang Januar zu empfehlen. Dieses Holz behält auch nach dem Verlegen seine Form, es zieht sich nicht zusammen. Danach nur noch bei abnehmendem Mond fällen.

Beim Fällen von Bäumen für die Holzbearbeitung können die Mondphasen hilfreich sein.

Dann sind die Kräfte des Baumes dabei, sich in Richtung der Wurzeln zurückzuziehen. Das dann gefällte Holz arbeitet weniger. Weitere günstige

Termine zum Holzfällen sind die Tage um und an Neumond im November und Dezember.

Brennholz dagegen fällt man am besten im Oktober, an den ersten Tagen des zunehmenden Mondes, nach dem 21. Dezember allerdings nur bei abnehmendem Mond.

Bodenbeläge verlegen: Holzböden werden am besten bei abnehmendem Mond an Steinbock-tagen verlegt, wenn sie sich nicht verziehen und lange ansehnlich bleiben sollen. Das gilt auch für das Verlegen von Holzdielen an Wänden und Decken. An denselben Tagen können die Holz-böden auch mit pflegenden Mitteln behandelt werden.

Ebenfalls bei abnehmendem Mond lassen sich Teppichboden und Laminat verlegen. Der Kle-ber hält besser, die Beläge liegen glatt und fest. Bei Vollmond ist dieses Unterfangen eher mit Schwierigkeiten behaftet.

Installation von Elektro- und Wasserleitungen sowie Heizungen: Zum Installieren von Rohren, sei es für Wasser, Strom oder Heizung, eignen sich die Tage des zunehmenden Mondes. Sehr günstig sind außerdem die Krebs-, Skorpion- und Fischetage.

Einbau von Fensterscheiben: Das Einsetzen von Fensterscheiben verläuft bei abnehmendem Mond, vor allem an Zwillinge- und Wassermann-tagen, reibungslos. Die Scheiben bleiben lange klar.

DER EINFLUSS DES MONDES AUF PFLANZEN IN HAUS UND GARTEN

Dass der Mond die Natur beeinflusst, darü-ber haben wir bereits im ersten Teil des Buches geschrieben. Die unterschiedlichen Mondphasen während seiner Reise um die Erde, die Kräfte der herrschenden Tierkreiszeichen, die er durchläuft, beeinflussen natürlich auch das Wachstum von Pflanzen und Bäumen auf der Erde, sodass man sie sich beim Säen, Gießen und Ernten zunutze machen kann. Sicherlich sind dabei auch andere Planeten mit ihren Kräften beteiligt, etwa die, die das jeweilige Tierkreiszeichen beherrschen. Doch diese Einflüsse im Einzelnen zu beschreiben, würde ein weiteres Buch füllen. Wir beschränken uns hier auf die Kräfte der Mondphasen.

DER NEUMOND

Wie im menschlichen Organismus auch herrscht an den Tagen des Neumondes Ruhepause im Organismus der Pflanzen. Es findet kaum ein Wachstum statt. Für den Energiewechsel, den die Mondphasen mit sich bringen, werden Kräfte gesammelt.

Alles, was man jetzt den Pflanzen Gutes tun kann, ist, vertrocknete und beschädigte Zweige und Triebe zu entfernen, damit diese nicht unnötig Kraft verzehren. Pflanzen, die von Schädlingen befallen sind, können an Neumond behandelt werden. Sie werden es mit neuem Wachstum während des zunehmenden Mondes danken.

Jetzt ist auch auf andere Weise eine günstige Zeit, um Wachstum vorzubereiten. Man kann neue Pflanzen und Samen kaufen. Im Garten, auf Balkon oder Terrasse mal tüchtig aufräumen, den Geräteschuppen durchstöbern und Gartengeräte auf Vordermann bringen – dazu ist jetzt die richtige Zeit.

DER ZUNEHMENDE MOND

Der zunehmende Mond lässt auch die Kräfte und Säfte der Pflanzen zunehmen. Alles ist auf Neuanfang eingestellt. Jetzt kann gepflanzt werden, was bald erblühen, Früchte tragen oder Blätter austreiben soll. Jetzt kann mit dem Düngen begonnen werden.

Je näher der Vollmond rückt, desto mehr sprießt und wächst es. Zur Verschönerung des Rasens werden kahle Stellen neu eingesät – mit wachsendem Erfolg.

Wer Obstbäume hat und sie veredeln will oder Sträucher, Pflanzen und Büsche durch Stecklinge vermehren will, kann dies bei zunehmendem Mond mit der Gewissheit tun, dass es sehr günstig ist.

DER VOLLMOND

Bei Vollmond ist der Höhepunkt der Wachstumsphase innerhalb eines Monats erreicht. Alle Säfte und Kräfte von Bäumen und Pflanzen sind in Stamm, Zweigen, Blättern, Früchten konzentriert.

Jetzt sollten Heilkräuter und Gewürzkräuter gesammelt werden – sie haben ihre höchste Heil- und Würzkraft an Vollmond (siehe auch Seite 122). Obst und Gemüse, bei Vollmond geerntet, schmeckt besonders aromatisch und saftig.

Andererseits können die Pflanzen zu dieser Zeit bereits durch kleinste Beschädigungen großen Schaden nehmen. Jetzt ist der ungünstigste Zeitpunkt, um zum Beispiel Bäume zu fällen oder Pflanzen zurückzuschneiden.

Aber es kann gedüngt werden. Die Nährstoffe werden gut aufgenommen und verwertet.

DER ABNEHMENDE MOND

Allmählich nähert sich der monatliche Zyklus wieder seinem Ende. Die nach oben gestiegenen Säfte fließen langsam in Richtung Wurzel zurück. Während der Wanderung werden Nährstoffe gut aufgenommen (daher bei Vollmond düngen). Das heißt, diese Zeit ist gut, um sich um Wurzelgemüse und -pflanzen zu kümmern. Je nachdem, können sie gesät, gepflanzt oder geerntet werden. Generell können Pflanzen jetzt gewässert und der Boden bearbeitet werden, Kompost kann eingearbeitet werden.

Bäume, Sträucher und Pflanzen können während des abnehmenden Mondes gut beschnitten werden. Je näher an Neumond, desto besser.

Was jetzt geerntet wird, ist zum Lagern und Haltbarmachen bestens geeignet. Außerdem ist

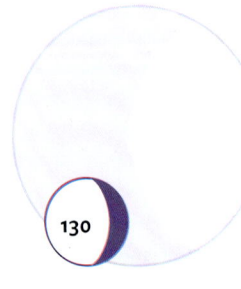

die Zeit gut zum Einrichten und Bearbeiten des Komposthaufens.

DER AUF- UND ABSTEIGENDE MOND

Die Kräfte der Mondphasen werden unterstützt von den Kräften des auf- und absteigenden Mondes, also der Stellung des Mondes, die er auf seiner Erdumlaufbahn in Bezug zur Sonne einnimmt (siehe Seiten 19 f.). Aufsteigend ist er zwischen dem 21. Dezember und 21. Juni, absteigend vom 22. Juni bis zum 20. Dezember.

Was die Pflanzen betrifft, kann man generell sagen: Auf- und absteigend in Harmonie mit dem

Die Säfte und Kräfte der Pflanzen verhalten sich in Harmonie mit dem auf- und absteigenden Mond.

Mond verhalten sich auch die Kräfte und Säfte der Pflanzen. Alles wächst und gedeiht, Obst und Gemüse reifen. Der aufsteigende Mond wird auch als „Erntemond" bezeichnet. Während des absteigenden Mondes, also in der zweiten Jahreshälfte, ziehen sich die Säfte allmählich nach unten zurück, das letzte Obst und Gemüse wird geerntet, es gibt kaum noch blühende Pflanzen. Die Bäume werden kahl. Der absteigende Mond wird als „Pflanzmond" bezeichnet, denn jetzt lassen sich Pflanzen gut umtopfen.

Die Kräfte der herrschenden Tierkreiszeichen, die der Mond während eines knappen Monats durchquert, machen sich ebenfalls in Garten und Natur bemerkbar.

Zusammen mit den Mondphasen, dem siderischen Mond (auf- und absteigend) und den vier Trigonen Feuer, Wasser, Erde, Luft (siehe Seiten 21 f.) ergibt sich ein optimales Zusammenwirken für das florale Leben auf der Erde.

DER MOND AN FRUCHTTAGEN

Als Fruchttage werden die Tage bezeichnet, an denen der Mond die Tierkreiszeichen Widder, Löwe und Schütze durchwandert. Sie haben die

Qualität Wärme und werden mit den Früchten der Pflanzen in Verbindung gebracht. Sie entsprechen außerdem dem Feuertrigon.

Widdertage: Der Mond ist aufsteigend, die Tagesqualität mehr warm als trocken. Im Frühjahr darf jetzt gesät und gepflanzt werden, was schöne Früchte tragen soll. Obst und Fruchtgemüse können bei Vollmond gedüngt werden. Die Tage sind gut zur Bekämpfung von Schnecken sowie aller oberirdischen Schädlinge.

Löwetage: Der Mond ist absteigend, die Tagesqualität mehr warm als trocken. Im Frühjahr günstige Zeit zum Säen und Pflanzen von Obst, Gemüse und Getreide, nicht jedoch von Tomaten und Kartoffeln. Obst und Fruchtgemüse können bei Vollmond gedüngt werden.

Obstbäume und Sträucher können bei abnehmendem Mond geschnitten und umgesetzt werden.

Außerdem sind diese Tage sehr günstig zum Sammeln von Heil- und Gewürzkräutern, die Herz und Kreislauf stärken.

Schützetage: Der Mond ist aufsteigend, die Tagesqualität wechselnd zwischen warm und trocken. Im Frühjahr günstig zum Säen und Pflanzen von saftigem, aromatischem Obst und Gemüse, auch Obstbäumen. Bei Vollmond und abnehmendem Mond gut zum Düngen aller Pflanzen.

Alles geerntete Obst, Gemüse, Getreide, Kräuter und Samen lassen sich gut lagern und konservieren.

DER MOND AN WURZELTAGEN

Als Wurzeltage werden die Tage bezeichnet, an denen der Mond die Tierkreiszeichen Stier, Jungfrau und Steinbock durchwandert. Sie haben die Qualität Kälte und Trockenheit und werden mit den Wurzeln der Pflanzen in Verbindung gebracht. Die Tage entsprechen dem Erdtrigon.

Die Mondenergie wirkt jetzt bevorzugt auf die Wurzeln der Pflanzen. Diese könne nun Nährstoffe wie Kalium oder Stickstoff besonders gut aufnehmen.

Stiertage: Der Mond ist aufsteigend, die Tagesqualität ist mehr kalt als trocken. Im Frühjahr sehr günstige Tage, um Wurzelpflanzen zu säen und zu pflanzen. Auch Bäume können jetzt bei zunehmendem Mond gepflanzt werden. Obst und Gemüse, das jetzt geerntet wird, ist besonders widerstandsfähig und kann gut gelagert werden. Insbesondere Kartoffeln sollten an diesen Tagen bevorzugt geerntet werden.

Kartoffeln sollten an Stiertagen geerntet werden, dann sind sie besonders widerstandsfähig und gut zu lagern.

Jungfrautage: Der Mond ist absteigend, die Tagesqualität kalt und trocken. Die Tage sind für alle Gartenarbeiten gut geeignet, auch die Bearbeitung des Bodens wie Hacken oder Lockern. Günstig sind die Jungfrautage im Frühjahr außerdem, um Wurzelpflanzen zu säen und zu pflanzen. Wurzelgemüse, das an diesen Tagen geerntet wird, ist besonders aromatisch. Im Frühjahr können an Jungfrautagen bei zunehmendem Mond Pflanzen umgesetzt beziehungsweise umgetopft werden, im Herbst bei abnehmendem Mond. Außerdem bei abnehmendem Mond Stecklinge setzen.

Steinbocktage: Der Mond ist aufsteigend, die Tagesqualität eher trocken als kalt. Sehr günstige Tage, um im Frühjahr Wurzelpflanzen zu säen und zu pflanzen. Wurzelgemüse, das an diesen

Tagen geerntet wird, ist besonders widerstandsfähig und kann gut gelagert werden. Der Boden lässt sich gut bearbeiten. Roden, Unkraut jäten und Pflanzen ausschneiden ist bei abnehmendem Mond günstig.

DER MOND AN BLÜTENTAGEN

Als Blütentage werden die Tage bezeichnet, an denen der Mond die Tierkreiszeichen Zwillinge, Waage und Wassermann durchwandert. Sie haben die Qualitäten Wärme und Feuchtigkeit und werden mit den Blüten der Pflanzen in Verbindung gebracht. Die Tage entsprechen dem Lufttrigon. Die Mondenergie wirkt jetzt bevorzugt auf die Blüten der Pflanzen. Sie erhalten genügend Licht und Wärme, um optimal zu gedeihen. Gegossen werden kann an allen diesen Tagen sparsam, da sonst Verbrennungen drohen.

Zwillingetage: Der Mond ist absteigend, die Tagesqualität eher warm als feucht. Im Frühjahr können blühende Pflanzen gesät und ausgepflanzt werden. Rankpflanzen, bei zunehmendem Mond gesetzt, wachsen gut. Die Luftqualität fördert die Bildung von ätherischen Ölen in Pflanzen. Daher können jetzt, bei zunehmendem Mond, wie auch an Waage- und Wassermanntagen Blütenkräuter wie Minze, Salbei, Lavendel, Thymian, Rosmarin und so weiter geerntet werden.

Schädlinge lassen sich leicht bekämpfen. Die Tage sind außerdem günstig, um Blüten zu ernten, die zum Essen geeignet sind, ebenso zum Ernten aller Kohlarten.

Waagetage: Der Mond ist absteigend, die Tagesqualität eher feucht als warm. Im Frühjahr können bei zunehmendem Mond blühende Pflanzen, Gemüsesorten und Kräuter gesät und gepflanzt werden. Dazu gehören zum Beispiel Artischocken, Zucchini und Brokkoli.

Im Frühjahr können bei zunehmendem Mond an Waagetagen blühende Pflanzen gesät und gepflanzt werden.

Wenn der Mond in der abnehmenden Phase ist, können blühende Sträucher zurückgeschnitten werden.

Wassermanntage: Der Mond ist aufsteigend, die Tagesqualität eher warm als feucht. Wie an Zwillingetagen können jetzt Blühpflanzen, Heilkräuter, blühende Gemüsepflanzen gesät und geerntet werden, vor allem bei zunehmendem Mond. Jetzt geerntete Kräuter lassen sich gut trocknen

137

und haltbar machen. Zwiebelpflanzen aller Art können in die Erde gebracht werden. Günstig zum Rasenmähen und Unkrautjäten.

DER MOND AN BLATTTAGEN

Als Blatttage werden die Tage bezeichnet, an denen der Mond die Tierkreiszeichen Krebs, Skorpion und Fische durchwandert. Die Tage haben die Qualitäten Kälte und Feuchtigkeit und werden mit den Blättern der Pflanzen in Verbindung gebracht. Die Blatttage entsprechen dem Wassertrigon.

Die Pflanzen nehmen jetzt Wasser gut auf. Das heißt aber auch, dass alles, was jetzt geerntet wird, viel Feuchtigkeit enthält und leicht verdirbt.

Krebstage: Der Mond ist absteigend, die Tagesqualität eher feucht als kalt. Jetzt können im Frühjahr Blattpflanzen gesät und gepflanzt werden. Alle Pflanzen können jetzt gegossen und gedüngt werden.

Gemüse, das viel Feuchtigkeit zum Gedeihen benötigt, wie Salat oder Gurken, kann jetzt gesetzt werden, aber auch Kohlpflanzen sollten jetzt gepflanzt werden.

Skorpiontage: Der Mond ist absteigend, die Tagesqualität eher kalt als feucht. Jetzt können Blattpflanzen gesät, gesetzt und umgetopft werden. Zimmer-, Balkon- und Gartenpflanzen können gegossen beziehungsweise gewässert werden. Pflanzen und Rasen jetzt düngen.

Bei abnehmendem Mond ist die Bekämpfung von Schnecken und oberirdischen Schädlingen günstig.

Fischetage: Der Mond ist aufsteigend, die Tagesqualität kalt und feucht. An Fischetagen können Blattpflanzen und -gemüse gesät und gepflanzt werden, Salat eher bei abnehmendem Mond, alle anderen Blattpflanzen bei zunehmendem Mond. Auch Rasen, Kräuter und Heilpflanzen sollten jetzt bei zunehmendem Mond ausgesät werden. Andererseits können Gemüse und Kräuter geerntet werden, die nicht gelagert werden sollen.

PFLEGETIPPS FÜR ZIMMER- UND BALKONPFLANZEN

Zimmer- und Balkonpflanzen sind anderen Lebensbedingungen ausgesetzt als Gartenpflanzen, die ihre Wurzeln unbegrenzt ausdehnen, sich mit Nährstoffen aus dem Erdboden vollsaugen können und darüber hinaus ständig optimale Lichtverhältnisse haben. Zimmerpflanzen müssen mit dem begrenzten Raum eines Pflanzgefäßes auskommen, was für sie Stress bedeutet.

Daher danken es uns Pflanzen in Zimmer und Balkon umso mehr, wenn sie nicht nur liebevoll gepflegt werden, sondern dies auch im Einklang mit den Mondrhythmen geschieht. Hier die wichtigsten Pflegetipps für die grünen Mitbewohner.

Gießen: Zimmer- und Balkonpflanzen sollten regelmäßig gegossen werden. Am besten können sie Wasser aufnehmen an den Tagen des abnehmenden Mondes, wenn es Blatttage sind, also an Krebs-, Skorpion- und Fischetagen.

Düngen: Die beste Zeit zum Düngen sind die Blatttage bei Vollmond (siehe auch Seite 138). Jedoch auch bei abnehmendem Mond können alle Zimmer- und Balkonpflanzen gedüngt werden.

Umtopfen: Am besten werden Pflanzen umgetopft, wenn der Topf zu klein geworden ist. Sehr günstig ist die Zeit nach der Winterpause, wenn die Wurzeln wieder zu wachsen beginnen. Bei absteigendem Mond, wenn sich die Kraft in den Wurzeln konzentriert, danken es Ihnen umgetopfte Pflanzen durch kräftiges Wachstum. Blattpflanzen an Wassertagen (Krebs, Skorpion, Fische), Blütenpflanzen an Lufttagen (Zwillinge, Waage, Wassermann) umtopfen.

Stecklinge nehmen: Wollen Sie Zimmer- und Balkonpflanzen vermehren, werden je nach Pflanzenart auf unterschiedliche Weise Stecklinge genommen. Für alle gilt jedoch: am besten bei absteigendem Mond, Blattpflanzen an Wassertagen, Blühpflanzen an Lufttagen.

Rasen sollte an Fischetagen gesät und an Wassermanntagen gemäht werden.

Schädlinge bekämpfen: Sind Zimmer- und Balkonpflanzen von Schädlingen wie Blattläusen, Spinnmilben, Schild- oder Wollläusen befallen, können diese am besten bei abnehmendem Mond auf natürliche Weise bekämpft werden. Die besten Tage hierfür sind Krebs, Zwillinge und Schütze.

Pflanzen zurückschneiden: Müssen die Pflanzen wegen des Schädlingsbefalls zurückgeschnitten werden, ist dafür die günstigste Zeit an Neumond oder der abnehmende Mond kurz vor Neumond.

DER EINFLUSS DES MONDES AUF BERUF UND FINANZEN

Bei beruflichen Belangen und auf Finanzen wirkt der Mond natürlich nicht direkt auf den Arbeitsplatz oder das Bankkonto, wie er das etwa bei Pflanzen, Tieren und dem Wetter tut. Doch wie beschrieben, übt er Einfluss auf die Tierkreiszeichen aus und verstärkt oder bremst Eigenschaften, die uns durch sie zugeschrieben werden. Er wirkt daher indirekt über den menschlichen Charakter und das menschliche Verhalten auf diese Bereiche.

In diesem Sinne kann man die unterschied-lichen Mondphasen auch in geschäftliche und berufliche Belange, etwa den Abschluss von Ver-trägen, den Antritt eines Jobs oder finanziellen Transaktionen, einbeziehen.

DER ABNEHMENDE MOND

Der abnehmende Mond zieht die Energien nach innen, das heißt, jetzt sollte man keine geschäft-lichen Verhandlungen, Bewerbungen, Prüfun-gen und dergleichen durchführen, bei denen es auf bestimmte persönliche Darstellung, Durch-setzungsfähigkeit und Selbstvertrauen ankommt. Sie würden nicht wirken. Auch finanzielle Trans-aktionen sollten besser an anderen Mondtagen stattfinden. Am besten zieht man sich auf seinen Arbeitsplatz zurück und erledigt routinemäßig und in aller Korrektheit das Tagesgeschäft.

Korrespondenz: An Zwillinge-, Jungfrau- und Skorpiontagen des abnehmenden Mondes lässt sich gut Korrespondenz aller Art erledigen. Sowohl private Briefe und E-Mails, die schon lange anstehen, als auch geschäftliche Briefe können geschrieben werden.

Kontaktpflege: Auf der beruflichen Ebene ist die Zeit des abnehmenden Mondes gut, um bestehende Kontakte zu pflegen und Geschäftsbeziehungen auszubauen. Besonders geeignet sind dazu die Zwillinge-, Steinbock- und Wassermanntage.

Mitarbeiterführung: Ebenfalls sehr günstig ist diese Zeit, um sich als Unternehmensführung um seine Mitarbeiter zu kümmern. Betriebsfeste, Feiern, Gratifikationen, Gespräche, alles, was Motivation und Verbundenheit mit der Firma fördert, stößt jetzt auf fruchtbaren Boden.

Auf der anderen Seite kann man sich in dieser Zeit auch von Mitarbeitern und Geschäftspartnern trennen, die zu einer produktiven Zusammenarbeit nicht bereit sind, oder sonstige personelle Umstrukturierungen vornehmen.

Rechtsangelegenheiten: Angelegenheiten, die einer juristischen Klärung bedürfen, können bei abnehmendem Mond zufriedenstellend geregelt werden. Die beste Zeit sind die Schützetage.

Kündigungen: Für Kündigungen aller Art ist die Zeit kurz vor Neumond die beste.

Behördengänge: Der Gang zum Amt sollte mit der ruhigen, vermittelnden Kraft der abnehmenden Mondenergie vollzogen werden, am besten, wenn der Mond in Jungfrau oder Steinbock steht.

Wer sich im Berufsleben nach den Mondphasen orientiert, hat es leichter, zum Beispiel, was die Mitarbeiterführung angeht.

Finanzen: Auf finanzieller Ebene sollten jetzt keine riskanten Sprünge gemacht werden. Allerdings ist die Zeit der Stiertage bei abnehmendem Mond gut für größere Anschaffungen.

DER NEUMOND

Da der Mondwechsel viel mit Neuanfang zu tun hat, ist auch die Zeit des Neumondes die günstigste Zeit, um berufliche Veränderungen zu planen, sie geistig Gestalt annehmen zu lassen.

Stellenwechsel: Wer im Job unzufrieden ist, kann jetzt über einen Stellenwechsel nachdenken und kurz vor einem der nächsten Neumonde kündigen.

Projektplanung: Als Unternehmer kann man an Neumondtagen neue Projekte ins Auge fassen, sich Informationen beschaffen, den Markt beobachten, planen.

DER ZUNEHMENDE MOND

Vorstellungsgespräche: Bewerbungen und Vorstellungsgespräche können am besten bei zunehmendem Mond, kurz nach dem Vollmond geführt werden. Jetzt ist die Kommunikationsfähigkeit sehr gut, man wirkt überzeugend, besonders an Zwillinge-, Löwe- und Wassermanntagen.

Prüfungen: Prüfungen in allen Bereichen, seien es Schulprüfungen oder berufliche Weiter- und Fortbildungen, können bei zunehmendem Mond leicht bestanden werden. Mit eloquenten Formulierungen beantwortet man die Prüfungsfragen.

Verhandlungen: Verhandlungen aller Art sind ebenfalls bei zunehmendem Mond angeraten. Sollten sie sich auf Widder-, Schütze- oder Wassermanntage legen lassen, umso besser. Man kann alle seine Trümpfe ziehen, es gilt das Recht des Stärkeren mehr denn an anderen Tagen. Stellenwechsel: Eine neue Arbeitsstelle anzutreten, ist an den Tagen des zunehmenden Mondes zu empfehlen. Man verhält sich Neuem gegenüber aufgeschlossen, ist energievoll und tatkräftig, mutig und voller Selbstvertrauen. Damit sind beruflichem Erfolg und finanziellem Wohlergehen die Tore geöffnet.

Selbstständigkeit: Wer sich beruflich unabhängig machen will und eine selbstständige Tätigkeit plant, sollte alle Voraussetzungen dafür bei zunehmendem Mond schaffen. Denn die erneuernden Energien des Mondes kann man sich hierbei positiv zunutze machen. Es gelten dieselben Bedingungen wie für den Antritt einer neuen Arbeitsstelle (siehe oben).

Projekte: Neue Projekte erhalten positive Mondenergien für ihre Verwirklichung, wenn sie bei zunehmendem Mond, besonders an Skorpion-, Steinbock- und Wassermanntagen, geplant werden.

Verträge schließen: Der zunehmende Mond fördert die Dynamik bei Verhandlungen. Er schenkt Überzeugungskraft und kann Interesse und Vertrauen wecken, sodass langfristige Verträge mit Bestand abgeschlossen werden können. Meist sind die Tage kurz vor dem Vollmond hierfür die besten.

Geldangelegenheiten: Alle Angelegenheiten, die mit der Anlage von Kapital, der Finanzierung von Projekten und dem Ausgeben größerer Beträge für die Firma zu tun haben, sind bei zunehmendem Mond mit Erfolg gekrönt. Jetzt kann man sogar riskante Aktiengeschäfte wagen.

Mitarbeiterführung: Der zunehmende Mond wirkt auf alle Menschen motivierend. Insofern können Mitarbeiter einer Firma an diesen Tagen in allen firmenspezifischen Angelegenheiten gut motiviert werden. Andererseits fördert der Mond in diesem Bereich auch zutage, was schon lange im Verborgenen brodelt, sodass auch Auseinandersetzungen und Probleme auf der Mitarbeiterebene deutlich werden und emotionaler als sonst ausgetragen werden. Hier ist das einfühlsame Eingreifen des Chefs gefragt, um die Wogen zu glätten.

DER VOLLMOND

Der Vollmond fördert die Emotionalität und Spiritualität. Für berufliche und finanzielle Dinge ist das nicht immer förderlich. Sämtliche wichtigen Verhandlungen, Gehaltsforderungen, Stellenbeschreibungen, Verträge und so weiter sollten in den Tagen vorher abgeschlossen, die neue Stelle bereits angetreten sein. Gefühlsbetonte Menschen sollten sich bei Besprechungen zurücknehmen, um nicht allzu engagiert und emotional zu argumentieren und zu entscheiden. Auch wenn es darum geht, wichtige Entscheidungen zu treffen, ist der Vollmond die falsche Zeit. Schnell kann das Falsche „aus dem Bauch heraus" entschieden werden.

Der Vollmond ist unberechenbar – damit muss man umgehen können. Unter Umständen kann dabei natürlich auch der Durchbruch bei einem schon lange währenden Geschäftsabschluss herauskommen.

DER EINFLUSS DES MONDES AUF FREIZEIT UND REISEN

Die Freizeit wollen wir genießen, es uns gut gehen lassen und ausspannen. Im Urlaub wollen wir neue Eindrücke sammeln und fremde Länder kennenlernen. Warum nicht die Mondphasen dazu nutzen, denn sie unterstützen unser Vorhaben mit ihren Energien auf positive Weise.

UNTERSCHIEDLICHE TAGESQUALITÄTEN

Ausflüge, Reisen und andere Freizeitaktivitäten wie Picknick, Radfahren oder Ähnliches sind bei Jung und Alt beliebt, werden aber oft unterschiedlich empfunden. An manchen Tagen empfindet man die Sonne als heiß und brennend, man hat viel Durst und fühlt sich ausgetrocknet. An anderen Tagen ist es warm, dennoch fröstelt man, Durst empfindet man kaum.

Verantwortlich dafür sind mal wieder die Kräfte des Mondes, die zusammen mit den unterschiedlichen Tierkreiszeichen wirken.

Wie im Kapitel über die Trigone (Seite 21) beschrieben, werden den Tierkreiszeichen bestimmte Tagesqualitäten zugeschrieben: Wasser, Feuer beziehungsweise Wärme, Luft beziehungsweise Licht und Erde beziehungsweise Kälte. Dementsprechend unterschiedlich sind die Körperempfindungen an diesen Tagen.

Wärmetage: Dies sind die Tage, wenn der Mond in den Zeichen Widder, Löwe und Steinbock

Familienausflüge ins Grüne, verbunden mit einem Picknick, werden noch schöner, wenn man sie nach den Mondphasen ausrichtet.

steht. Das Wetter ist angenehm mild und warm. Gelegentlich kann es zu starken Gewittern kommen. Da der Erdboden besonders an Löwetagen ausgetrocknet ist, nimmt er das Wasser schlecht auf, Überflutungen sind die Folge. An diesen Tagen fühlt man sich schnell ausgetrocknet, hat viel Durst und sollte auch viel trinken.

Erdtage: An Stier-, Jungfrau- und Steinbocktagen spricht man auch von Erdtagen. Obwohl es warm ist, empfindet man es nicht so. Der Erdboden ist feucht und kalt. Im Freien sollte man immer eine Decke oder Jacke dabeihaben.

Lufttage: Nun durchläuft der Mond Zwillinge, Waage und Wassermann. Dies ist die Zeit für Mensch, Tier und Pflanze, um Luft und Licht zu tanken. Die Luft ist mild, manchmal dunstig, und ohne dass die Sonne scheint, fühlt man sich geblendet.

Wassertage: Wenn Krebs, Skorpion oder Fische, also die Wasserzeichen, vorherrschen, neigt das Wetter zu häufigen Regenfällen. Das ist gut für die Natur, für Menschen auf Dauer aber nur mit

Regenbekleidung angenehm. Entsprechend aus-
gerüstet sollte man sich nach draußen begeben.

DER ABNEHMENDE MOND

Eine günstige Zeit für geruhsame Ausflüge und
schöne Reisen bietet der abnehmende Mond.
Vor allem, wenn man sein Ziel bereits erreicht
hat, kann man die Zeit in vollem Zuge genießen.
Optimal sind die Tage von Widder, Zwillinge,
Schütze und Wassermann. Eine Kur oder ein
Wellnessprogramm ist jetzt besonders wirksam.

Auch wer sportlich aktiv ist und im Urlaub ein
Bewegungs-, Gymnastik- und Sportprogramm
absolviert, hat mit dem abnehmenden Mond
gute Chancen auf nachhaltigen Erfolg. Wanderungen, Ski- und Radtouren unterstützt der Mond
ebenfalls positiv. Flugreisen wirken nun weniger
anstrengend als an den Tagen vor Vollmond.

Kreative Tätigkeiten: Alles, was mit Kreativität
und schöpferischem Gestalten zu tun hat, wie
Töpfern, Malen, Bildhauen, Stricken, Basteln und
so weiter, ist am meisten von Erfolg gekrönt bei
abnehmendem Mond an den Stier-, Krebs- und
Wassermanntagen.

Lernen: Wer in der Freizeit gerne lernen und sein Gedächtnis trainieren will, hat damit bei zunehmendem Mond keine Schwierigkeiten. Gute Tage sind an Zwillinge, Löwe und Jungfrau.

Partys: Zum Feiern von Festen und ausgelassenen Partys ist der abnehmende Mond günstig, da dann der Alkohol schneller und besser abgebaut wird. Der verkaterte Kopf am nächsten Tag bleibt aus.

Disco und Tanzveranstaltungen: Hierfür sind die Widdertage des abnehmenden Mondes besonders geeignet.

DER NEUMOND

Der Neumond ist wenig geeignet zum Verreisen und Ausführen sonstiger Aktivitäten. Diese Zeit des Wechsels zwischen zwei Mondphasen sollte als Ruhezeit betrachtet werden. Sie fordert zum Stillhalten, Nachdenken und Abwarten auf. Sportliche Aktivitäten sind jetzt ungünstig.

DER ZUNEHMENDE MOND

Die beste Zeit für Ausflüge und Reisen, auch eine Kur, sind die Tage des zunehmenden Mondes dann, wenn man flexibel ist und auf allerlei Überraschungen gefasst. Diese Tage verlaufen alles andere als langweilig und entspannend. Abenteuer und neue Erlebnisse winken. In der Kur stellt sich ein Kurschatten ein, beim Bergwandern trifft man Menschen, die bleibende Eindrücke hinterlassen, auf der Kunstreise lernt man neue Freunde kennen. Der Mond bietet Abwechslung, manchmal auch Zeit zum Nach- und Umdenken – man sollte jede Situation so nehmen, wie sie kommt, und das Leben genießen.

Sport- und Freizeitaktivitäten: Bei der sportlichen Freizeitgestaltung gebietet die Mondkraft bei zunehmendem Mond maßzuhalten. Jetzt kann man sich schnell überschätzen und sich mehr schaden als nutzen, besonders wenn man untrainiert ist. Klettertouren, Wildwasserrafting und Wüstendurchquerungen sollten besser bei abnehmendem Mond stattfinden.

Nach dem Motto „die Dosis macht's" sind dagegen alle Aktivitäten, die der Stärkung und sanften Kräftigung von Körper und Geist dienen, geeignet: Spaziergänge, leichte Wanderungen, gemütliches Fahrradfahren sind angenehm. Auch

ein Aufenthalt am Badesee oder in der Hänge-
matte im Garten mit einem guten Buch ist an
diesen Tagen wunderbar entspannend. Ausgedehnte Sonnenbäder sind jedoch nicht zu
empfehlen.

Museums-, Theater- und Konzertbesuche: Bei
zunehmendem Mond ist man besonders aufnah-
mefähig für neue Eindrücke jeder Art. Wenn sich
der Mond gerade in Löwe, Waage oder Wassermann befindet, ist die Zeit für kulturelle Ereig-
nisse besonders günstig.

Einkäufe: Jeder kennt das: Man möchte etwas
Neues kaufen, egal, ob Möbel, Einrichtungsge-
genstand oder Kleidung, aber beim Aussuchen
und Probieren ist man unschlüssig. Kauft man
etwas, kann es sein, dass es einem zu Hause
überhaupt nicht mehr gefällt.

Legt man Einkäufe jedoch auf die Tage des
zunehmenden Mondes, vor allen an Stier, Jungfrau und Skorpion, gelingen sie auf Anhieb. Es
herrschen weder Unsicherheit noch Unschlüs-
sigkeit beim Aussuchen.

DER VOLLMOND

Was bei zunehmendem Mond noch aufregend war und hohen Freizeitwert versprach, kann bei Vollmond schnell ins Gegenteil umschlagen. Ausflüge und Reisen bei Vollmond anzutreten lohnt sich nicht, denn meist enden sie in großer Langeweile, oder das, was man vorhatte, lässt sich aus irgendeinem Grund nicht verwirklichen.

Außerdem ist die Verletzungsgefahr an diesen Tagen besonders hoch. Zuweilen sind die Unfälle jetzt auch Ausdruck eines größeren seelischen Problems, das sich meldet, um bearbeitet zu werden.

An Vollmondtagen sollte man auf größere Unternehmungen verzichten. Es kann unter Umständen zu Unfällen kommen.

DER EINFLUSS DES MONDES AUF LIEBE UND PARTNERSCHAFT

Kann der Mond auch das Liebesleben der Menschen beeinflussen? Und wirkt er auf den Verlauf einer Partnerschaft? Indirekt tut er das, indem er auf jeden einzelnen Menschen wirkt. Die sich daraus ergebenden Ansprüche und positiven oder negativen Gefühle sind ausschlaggebend für das Verhalten dem Liebes- und/oder Ehepartner gegenüber. Jedoch sollte man es sich nicht zu einfach machen, sich entspannt zurücklehnen und die Lebensplanung ganz nach dem Mond ausrichten. Denn sicherlich gibt es, gerade was das Miteinander der Menschen angeht, viele Faktoren, die hier aufeinandertreffen und das Verhalten bestimmen.

Auch hier ist es wie in den anderen Bereichen empfehlenswert, sich einfach von seinen Gefühlen leiten zu lassen und dabei den Mondkalender nicht aus den Augen zu verlieren. Schreiben Sie Ihre Erfahrungen auf, und bald werden Sie selbst herausfinden, welche Impulse an welchen Tagen und Mondphasen für Ihre Entwicklung am günstigsten sind.

Für Verliebte sind alle Tage schön, an einigen sind jedoch die Bedürfnisse nach Nähe und Zärtlichkeit besonders stark ausgeprägt.

DER ABNEHMENDE MOND

Bei abnehmendem Mond ist der Körper auf Entgiftung und Entschlackung eingestellt, er ist
sozusagen mit sich beschäftigt. Die Energien ziehen sich nach innen zurück. Das Bedürfnis nach
Innigkeit, Zärtlichkeit und dem intensiven Leben
der Partnerschaft ist nicht sehr ausgeprägt. Das
bedeutet auch für den Bereich der körperlichen
Liebe, dass jetzt keine großen Abenteuer und
erotischen Erfahrungen zu erwarten sind.

Zum Heiraten ist die Zeit des abnehmenden Mondes nicht geeignet. Es fehlt die positive
Mondenergie. Dagegen könnten in vielen bereits
bestehenden Partnerschaften und Ehen die ersten Konflikte aufkommen und zu bewältigen sein.
Die Zeit ist gut für klärende Gespräche zwischen
den Partnern.

Wer in Trennung lebt und Scheidungsabsichten
hat, kann jedoch bei abnehmendem Mond die
Sache gütlich zu Ende bringen.

DER NEUMOND

Was für den abnehmenden Mond gilt, das gilt
für den Neumond als Abschluss dieser Mond-
phase ganz besonders. Erotik und Sexualität

beziehungsweise der Wunsch danach sind kaum ausgeprägt. Wie in allen anderen Bereichen gilt auch hier, Innehalten und nach innen schauen.

Man sagt, dass Hochzeiten, die bei Neumond geschlossen werden, in Unglück und Armut enden. Diesen Partnerschaften fehlt die nötige Mondenergie.

Dagegen ist der Neumond eine gute Zeit, um Bindungen zu lösen, die einen in der persönlichen Entwicklung behindern. Das muss nicht mit Trennung einhergehen. Vielmehr kann es auch Klärung und Neubeginn innerhalb einer Partnerschaft bedeuten.

DER ZUNEHMENDE MOND

Mit dem Wechsel zum zunehmenden Mond beginnt die Zeit des Aufbaus und der neuerlichen Wendung nach außen. Jetzt ist eine gute Zeit, um ausgiebig zu flirten, auch um erotische Abenteuer zu suchen oder nach einem Lebenspartner Ausschau zu halten. Aus einer der erotischen Freundschaften entwickelt sich vielleicht eine dauerhafte Partnerschaft. Der Mond liefert die richtigen Energien dazu. Wenn er gerade in Widder oder Löwe steht, umso besser.

Frisch Verliebte werden ausgiebig turteln und Zukunftspläne schmieden. Denn die Zeichen stehen auf Zuwachs und Erweiterung des Erfahrungshorizonts, nachdem bei Neumond die Dinge geklärt wurden.

Die sinnliche Wahrnehmung ist jetzt sehr ausgeprägt. Das heißt, alles, was dazugehört wie Berührungen, Zärtlichkeiten, Düfte, Aromen, Töne, wird besonders intensiv empfunden. Man neigt dazu, sexuelle Wünsche und Vorlieben auszuleben und seinen Fantasien freien Lauf zu lassen. Das sexuelle Verlangen wächst mit der Kraft des zunehmenden Mondes.

Außerdem sind die Tage des zunehmenden Mondes gut, um den Bund der Ehe zu schließen, bevorzugt an Stiertagen.

DER VOLLMOND

Am Vollmondtag haben die emotionalen Energien ihren Höhepunkt erreicht. Die Bedürfnisse wollen jetzt befriedigt werden. Die Paarungsbereitschaft ist nicht nur bei den Tieren an diesem Tag sehr groß – gesteuert von ihren Instinkten –, auch unter den Menschen sind die sexuellen Aktivitäten besonders intensiv. In dieser Zeit werden

Liebeserklärungen und Eheversprechen leichter als sonst gegeben.

Wer keinen Partner beziehungsweise keine Partnerin hat, wird sich auf die Suche nach erotischen Abenteuern, welcher Art auch immer, begeben. Das wirkt sich zuweilen auf die Geschäfte bestimmter Etablissements umsatzsteigernd aus.

Auf der anderen Seite ist die Zeit des Vollmonds günstig, bestehende Beziehungen zu festigen. Die Zeit ist nicht günstig, um neue Beziehungen einzugehen oder gar zu heiraten. All dies sollte besser in den Tagen vor Vollmond geschehen. Denn bei Vollmond neigt man dazu, allzu euphorisch zu sein und hohe Erwartungen zu hegen, was nicht immer bestätigt wird und in Enttäuschungen enden kann.

DER EINFLUSS DES MONDES AUF FAMILIE UND KINDER

Für den Bereich der Familie und der Kinder gilt im Grunde dasselbe wie für die Kapitel Beruf und Finanzen oder Liebe und Partnerschaft. Hier wirkt der Mond wenn überhaupt, dann nur mittelbar.

Ob es in einer Familie harmonisch zugeht, die Eltern sich gut verstehen, die Kinder in geordneten Verhältnissen aufwachsen, ihre Persönlichkeiten und Fähigkeiten gefördert werden oder ob sie vernachlässigt werden, weil die Eltern zu viele eigene ungelöste Probleme zu bewältigen haben, hängt nicht von den Mondphasen ab.

Es hängt von den Persönlichkeiten der einzelnen Familienmitglieder ab, davon, wie Vater und Mutter selbst aufgewachsen sind, und das wiederum von deren Eltern. So ließe sich die Reihe bis weit zu den Vorfahren fortsetzen. Und letztlich sind die Kinder diejenigen, die am unteren Ende der Reihe stehen und von den Persönlichkeiten ihrer Eltern mitgeprägt werden.

Dennoch sollte man den Mond nicht ganz außer Acht lassen. Er kann helfen, das tägliche Leben effektiver, harmonischer und glücklicher zu gestalten. Wenn Sie mit dem Mond leben, kann er Ihnen helfen, Ihre Kinder besser zu verstehen. Mit den Beschreibungen der zwölf Tierkreiszeichen und dem Einfluss des Mondes auf sie haben Sie die Möglichkeit, die unterschiedlichen Charaktere Ihrer Kinder (und der übrigen Familienmitglieder) besser einzuordnen.

Leben mit den Mondphasen

Auch im Bereich Familie und Kinder kann man sich auf den Einfluss des Mondes besinnen. Er kann helfen, die Persönlichkeit der Kleinen besser zu verstehen und Probleme besser zu lösen.

So manches Missverständnis kann dadurch vermieden werden. Wenn Sie die Fähigkeiten Ihrer Kinder erkennen, können Sie sie fördern. Geschieht dies an den vom Mond unterstützten Tagen, geht es einfacher, die Kinder haben mehr Spaß daran. Das gilt sowohl für die Schule wie für die Freizeit und vielleicht sogar darüber hinaus für Studium und Beruf.

Auch im Bereich Gesundheit können Sie Ihre Kinder unter Berücksichtigung der Mondphasen besser verstehen und ihnen helfen.

Ist Ihr Kind an einem Tag eher still und zurückgezogen, an anderen wieder temperamentvoll und immer auf der Suche nach neuen Betätigungsgebieten oder vielleicht sogar aggressiv und trotzig Ihnen gegenüber, schimpfen Sie nicht gleich – schauen Sie auf den Mondkalender. In welcher Phase befindet sich der Mond? Welches Tierkreiszeichen durchläuft er gerade? Kann das Verhalten damit zusammenhängen? Und wie sieht es mit Ihrem eigenen Verhalten an diesen Tagen als Vater oder Mutter aus? Wenn Sie einige dieser Punkte berücksichtigen und die Persönlichkeiten Ihrer Kinder und übrigen Familienmitglieder auch im Hinblick auf die herrschende Mondenergie respektieren, sollte einem harmonischen Familienleben von dieser Seite nichts im Wege stehen.

DER MONDKALENDER 2016–2025

ZEICHENERKLÄRUNG DER KALENDERSYMBOLE

	Widder
	Stier
	Zwilling
	Krebs
	Löwe
	Jungfrau
	Waage
	Skorpion
	Schütze
	Steinbock
	Wassermann
	Fische
	zunehmender Mond
	abnehmender Mond
	Neumond
	Vollmond

167

Januar

Tag	Datum	Zeit
Fr	1.	
Sa	2.	
So	3.	
Mo	4.	
Di	5.	
Mi	6.	
Do	7.	
Fr	8.	
Sa	9.	
So	10.	02:30
Mo	11.	
Di	12.	
Mi	13.	
Do	14.	
Fr	15.	
Sa	16.	
So	17.	
Mo	18.	
Di	19.	
Mi	20.	
Do	21.	
Fr	22.	
Sa	23.	
So	24.	02:44
Mo	25.	
Di	26.	
Mi	27.	
Do	28.	
Fr	29.	
Sa	30.	
So	31.	

Februar

Tag	Datum	Zeit
Mo	1.	
Di	2.	
Mi	3.	
Do	4.	
Fr	5.	
Sa	6.	
So	7.	
Mo	8.	15:38
Di	9.	
Mi	10.	
Do	11.	
Fr	12.	
Sa	13.	
So	14.	
Mo	15.	
Di	16.	
Mi	17.	
Do	18.	
Fr	19.	
Sa	20.	
So	21.	
Mo	22.	19:20
Di	23.	
Mi	24.	
Do	25.	
Fr	26.	
Sa	27.	
So	28.	
Mo	29.	

März

Tag	Datum	Zeit
Di	1.	
Mi	2.	
Do	3.	
Fr	4.	
Sa	5.	
So	6.	
Mo	7.	
Di	8.	
Mi	9.	02:54
Do	10.	
Fr	11.	
Sa	12.	
So	13.	
Mo	14.	
Di	15.	
Mi	16.	
Do	17.	
Fr	18.	
Sa	19.	
So	20.	
Mo	21.	
Di	22.	
Mi	23.	13:01
Do	24.	
Fr	25.	
Sa	26.	
So	27.	
Mo	28.	
Di	29.	
Mi	30.	
Do	31.	

April

Fr	1.		
Sa	2.		
So	3.		
Mo	4.		
Di	5.		
Mi	6.		
Do	7.		12:23
Fr	8.		
Sa	9.		
So	10.		
Mo	11.		
Di	12.		
Mi	13.		
Do	14.		
Fr	15.		
Sa	16.		
So	17.		
Mo	18.		
Di	19.		
Mi	20.		
Do	21.		
Fr	22.		
Sa	23.		
So	24.		
Mo	25.		
Di	26.		
Mi	27.		
Do	28.		
Fr	29.		
Sa	30.		

Mai

So	1.		
Mo	2.		
Di	3.		
Mi	4.		
Do	5.		
Fr	6.		20:29
Sa	7.		
So	8.		
Mo	9.		
Di	10.		
Mi	11.		
Do	12.		
Fr	13.		
Sa	14.		
So	15.		
Mo	16.		
Di	17.		
Mi	18.		
Do	19.		
Fr	20.		
Sa	21.		22:13
So	22.		
Mo	23.		
Di	24.		
Mi	25.		
Do	26.		
Fr	27.		
Sa	28.		
So	29.		
Mo	30.		
Di	31.		

Juni

Mi	1.		
Do	2.		
Fr	3.		
Sa	4.		
So	5.		03:59
Mo	6.		
Di	7.		
Mi	8.		
Do	9.		
Fr	10.		
Sa	11.		
So	12.		
Mo	13.		
Di	14.		
Mi	15.		
Do	16.		
Fr	17.		
Sa	18.		
So	19.		
Mo	20.		12:01
Di	21.		
Mi	22.		
Do	23.		
Fr	24.		
Sa	25.		
So	26.		
Mo	27.		
Di	28.		
Mi	29.		
Do	30.		

Juli		August		September	
Fr	1.	Mo	1.	Do	1. 10:02
Sa	2.	Di	2. 21:44	Fr	2.
So	3.	Mi	3.	Sa	3.
Mo	4. 12:00	Do	4.	So	4.
Di	5.	Fr	5.	Mo	5.
Mi	6.	Sa	6.	Di	6.
Do	7.	So	7.	Mi	7.
Fr	8.	Mo	8.	Do	8.
Sa	9.	Di	9.	Fr	9.
So	10.	Mi	10.	Sa	10.
Mo	11.	Do	11.	So	11.
Di	12.	Fr	12.	Mo	12.
Mi	13.	Sa	13.	Di	13.
Do	14.	So	14.	Mi	14.
Fr	15.	Mo	15.	Do	15.
Sa	16.	Di	16.	Fr	16. 20:04
So	17.	Mi	17.	Sa	17.
Mo	18.	Do	18. 10:27	So	18.
Di	19. 23:57	Fr	19.	Mo	19.
Mi	20.	Sa	20.	Di	20.
Do	21.	So	21.	Mi	21.
Fr	22.	Mo	22.	Do	22.
Sa	23.	Di	23.	Fr	23.
So	24.	Mi	24.	Sa	24.
Mo	25.	Do	25.	So	25.
Di	26.	Fr	26.	Mo	26.
Mi	27.	Sa	27.	Di	27.
Do	28.	So	28.	Mi	28.
Fr	29.	Mo	29.	Do	29.
Sa	30.	Di	30.	Fr	30.
So	31.	Mi	31.		

Oktober

Sa	1.	01:11
So	2.	
Mo	3.	
Di	4.	
Mi	5.	
Do	6.	
Fr	7.	
Sa	8.	
So	9.	
Mo	10.	
Di	11.	
Mi	12.	
Do	13.	
Fr	14.	
Sa	15.	
So	16.	05:21
Mo	17.	
Di	18.	
Mi	19.	
Do	20.	
Fr	21.	
Sa	22.	
So	23.	
Mo	24.	
Di	25.	
Mi	26.	
Do	27.	
Fr	28.	
Sa	29.	
So	30.	18:38
Mo	31.	

November

Di	1.	
Mi	2.	
Do	3.	
Fr	4.	
Sa	5.	
So	6.	
Mo	7.	
Di	8.	
Mi	9.	
Do	10.	
Fr	11.	
Sa	12.	
So	13.	
Mo	14.	14:51
Di	15.	
Mi	16.	
Do	17.	
Fr	18.	
Sa	19.	
So	20.	
Mo	21.	
Di	22.	
Mi	23.	
Do	24.	
Fr	25.	
Sa	26.	
So	27.	
Mo	28.	
Di	29.	13:17
Mi	30.	

Dezember

Do	1.	
Fr	2.	
Sa	3.	
So	4.	07:06
Mo	5.	
Di	6.	
Mi	7.	
Do	8.	
Fr	9.	
Sa	10.	
So	11.	
Mo	12.	
Di	13.	
Mi	14.	01:06
Do	15.	
Fr	16.	
Sa	17.	
So	18.	
Mo	19.	
Di	20.	
Mi	21.	
Do	22.	
Fr	23.	
Sa	24.	
So	25.	
Mo	26.	
Di	27.	
Mi	28.	
Do	29.	07:52
Fr	30.	
Sa	31.	

Januar

Tag	Datum	Zeit
So	1.	
Mo	2.	
Di	3.	
Mi	4.	
Do	5.	
Fr	6.	
Sa	7.	
So	8.	
Mo	9.	
Di	10.	
Mi	11.	
Do	12.	12:33
Fr	13.	
Sa	14.	
So	15.	
Mo	16.	
Di	17.	
Mi	18.	
Do	19.	
Fr	20.	
Sa	21.	
So	22.	
Mo	23.	
Di	24.	
Mi	25.	
Do	26.	
Fr	27.	
Sa	28.	01:06
So	29.	
Mo	30.	
Di	31.	

Februar

Tag	Datum	Zeit
Mi	1.	
Do	2.	
Fr	3.	
Sa	4.	
So	5.	
Mo	6.	
Di	7.	
Mi	8.	
Do	9.	
Fr	10.	01:31
Sa	11.	
So	12.	
Mo	13.	
Di	14.	
Mi	15.	
Do	16.	
Fr	17.	
Sa	18.	
So	19.	
Mo	20.	
Di	21.	
Mi	22.	
Do	23.	
Fr	24.	
Sa	25.	
So	26.	15:58
Mo	27.	
Di	28.	

März

Tag	Datum	Zeit
Mi	1.	
Do	2.	
Fr	3.	
Sa	4.	
So	5.	
Mo	6.	
Di	7.	
Mi	8.	
Do	9.	
Fr	10.	
Sa	11.	
So	12.	15:52
Mo	13.	
Di	14.	
Mi	15.	
Do	16.	
Fr	17.	
Sa	18.	
So	19.	
Mo	20.	
Di	21.	
Mi	22.	
Do	23.	
Fr	24.	
Sa	25.	
So	26.	
Mo	27.	
Di	28.	03:56
Mi	29.	
Do	30.	
Fr	31.	

April		**Mai**		**Juni**	
Sa 1.		Mo 1.		Do 1.	
So 2.		Di 2.		Fr 2.	
Mo 3.		Mi 3.		Sa 3.	
Di 4.		Do 4.		So 4.	
Mi 5.		Fr 5.		Mo 5.	
Do 6.		Sa 6.		Di 6.	
Fr 7.		So 7.		Mi 7.	
Sa 8.		Mo 8.		Do 8.	
So 9.		Di 9.		Fr 9. 14:09	
Mo 10.		Mi 10. 22:43		Sa 10.	
Di 11. 07:08		Do 11.		So 11.	
Mi 12.		Fr 12.		Mo 12.	
Do 13.		Sa 13.		Di 13.	
Fr 14.		So 14.		Mi 14.	
Sa 15.		Mo 15.		Do 15.	
So 16.		Di 16.		Fr 16.	
Mo 17.		Mi 17.		Sa 17.	
Di 18.		Do 18.		So 18.	
Mi 19.		Fr 19.		Mo 19.	
Do 20.		Sa 20.		Di 20.	
Fr 21.		So 21.		Mi 21.	
Sa 22.		Mo 22.		Do 22.	
So 23.		Di 23.		Fr 23.	
Mo 24.		Mi 24.		Sa 24. 03:30	
Di 25.		Do 25. 20:44		So 25.	
Mi 26. 13:15		Fr 26.		Mo 26.	
Do 27.		Sa 27.		Di 27.	
Fr 28.		So 28.		Mi 28.	
Sa 29.		Mo 29.		Do 29.	
So 30.		Di 30.		Fr 30.	
		Mi 31.			

Juli · August · September

Juli				August				September			
Sa	1.	☽	♎	Di	1.	☽	♐	Fr	1.	☽	♒
So	2.	☽	♎	Mi	2.	☽	♐	Sa	2.	☽	♒
Mo	3.	☽	♏	Do	3.	☽	♐	So	3.	☽	♓
Di	4.	☽	♏	Fr	4.	☽	♐	Mo	4.	☽	♓
Mi	5.	☽	♏	Sa	5.	☽	♑	Di	5.	☽	♓
Do	6.	☽	♐	So	6.	☽	♑	Mi	6.	●	♓ 19:10
Fr	7.	☽	♐	Mo	7.	●	♑ 19:10	Do	7.	☾	♓
Sa	8.	☽	♑	Di	8.	☾	♑	Fr	8.	☾	♈
So	9.	●	♑ 05:05	Mi	9.	☾	♒	Sa	9.	☾	♈
Mo	10.	☾	♑	Do	10.	☾	♒	So	10.	☾	♉
Di	11.	☾	♒	Fr	11.	☾	♒	Mo	11.	☾	♉
Mi	12.	☾	♒	Sa	12.	☾	♓	Di	12.	☾	♊
Do	13.	☾	♓	So	13.	☾	♓	Mi	13.	☾	♊
Fr	14.	☾	♓	Mo	14.	☾	♉	Do	14.	☾	♋
Sa	15.	☾	♈	Di	15.	☾	♉	Fr	15.	☾	♋
So	16.	☾	♈	Mi	16.	☾	♊	Sa	16.	☾	♋
Mo	17.	☾	♈	Do	17.	☾	♊	So	17.	☾	♌
Di	18.	☾	♉	Fr	18.	☾	♋	Mo	18.	☾	♌
Mi	19.	☾	♉	Sa	19.	☾	♋	Di	19.	☾	♍
Do	20.	☾	♊	So	20.	☽	♋	Mi	20.	◐	♍ 06:29
Fr	21.	☾	♊	Mo	21.	☽	♌ 19:29	Do	21.	☽	♎
Sa	22.	☾	♋	Di	22.	☽	♍	Fr	22.	☽	♎
So	23.	◐	♋ 10:45	Mi	23.	☽	♍	Sa	23.	☽	♏
Mo	24.	☽	♌	Do	24.	☽	♍	So	24.	☽	♏
Di	25.	☽	♌	Fr	25.	☽	♎	Mo	25.	☽	♏
Mi	26.	☽	♍	Sa	26.	☽	♎	Di	26.	☽	♐
Do	27.	☽	♍	So	27.	☽	♏	Mi	27.	☽	♐
Fr	28.	☽	♎	Mo	28.	☽	♏	Do	28.	☽	♒
Sa	29.	☽	♎	Di	29.	☽	♐	Fr	29.	☽	♒
So	30.	☽	♎	Mi	30.	☽	♐	Sa	30.	☽	♒
Mo	31.	☽	♏	Do	31.	☽	♐				

Oktober

So	1.	🌙	♏	
Mo	2.	🌙	♏	
Di	3.	🌙	♐	
Mi	4.	🌙	♐	
Do	5.	🌕	♑	19:40
Fr	6.	🌖	♑	
Sa	7.	🌖	♒	
So	8.	🌖	♒	
Mo	9.	🌖	♒	
Di	10.	🌖	♓	
Mi	11.	🌖	♓	
Do	12.	🌖	♈	
Fr	13.	🌖	♈	
Sa	14.	🌗	♉	
So	15.	🌗	♉	
Mo	16.	🌗	♊	
Di	17.	🌗	♊	
Mi	18.	🌗	♋	
Do	19.	🌑	♋	20:11
Fr	20.	🌒	♋	
Sa	21.	🌒	♌	
So	22.	🌒	♌	
Mo	23.	🌒	♍	
Di	24.	🌒	♍	
Mi	25.	🌒	♍	
Do	26.	🌒	♎	
Fr	27.	🌒	♎	
Sa	28.	🌒	♏	
So	29.	🌒	♏	
Mo	30.	🌒	♐	
Di	31.	🌒	♐	

November

Mi	1.	🌙	♑	
Do	2.	🌙	♑	
Fr	3.	🌙	♒	
Sa	4.	🌕	♒	06:21
So	5.	🌖	♒	
Mo	6.	🌖	♓	
Di	7.	🌖	♓	
Mi	8.	🌖	♈	
Do	9.	🌖	♈	
Fr	10.	🌖	♉	
Sa	11.	🌖	♉	
So	12.	🌖	♊	
Mo	13.	🌖	♊	
Di	14.	🌖	♋	
Mi	15.	🌖	♋	
Do	16.	🌖	♋	
Fr	17.	🌖	♌	
Sa	18.	🌑	♌	12:41
So	19.	🌙	♍	
Mo	20.	🌙	♍	
Di	21.	🌙	♍	
Mi	22.	🌙	♎	
Do	23.	🌙	♎	
Fr	24.	🌙	♏	
Sa	25.	🌙	♏	
So	26.	🌙	♏	
Mo	27.	🌙	♐	
Di	28.	🌙	♐	
Mi	29.	🌙	♑	
Do	30.	🌙	♑	

Dezember

Fr	1.	🌙	♒	
Sa	2.	🌙	♒	
So	3.	🌕	♓	16:45
Mo	4.	🌖	♓	
Di	5.	🌖	♈	
Mi	6.	🌖	♈	
Do	7.	🌖	♉	
Fr	8.	🌖	♉	
Sa	9.	🌖	♊	
So	10.	🌖	♊	
Mo	11.	🌖	♊	
Di	12.	🌖	♋	
Mi	13.	🌖	♋	
Do	14.	🌖	♌	
Fr	15.	🌖	♌	
Sa	16.	🌖	♍	
So	17.	🌖	♍	
Mo	18.	🌑	♍	07:30
Di	19.	🌙	♎	
Mi	20.	🌙	♎	
Do	21.	🌙	♎	
Fr	22.	🌙	♏	
Sa	23.	🌙	♏	
So	24.	🌙	♐	
Mo	25.	🌙	♐	
Di	26.	🌙	♐	
Mi	27.	🌙	♑	
Do	28.	🌙	♑	
Fr	29.	🌙	♒	
Sa	30.	🌙	♒	
So	31.	🌙	♓	

Januar

Tag			Zeit
Mo	1.	🌓 🏹	
Di	2.	🌝 ♋	03:24
Mi	3.	🌖 ♋	
Do	4.	🌖 ♌	
Fr	5.	🌖 ♌	
Sa	6.	🌖 ♍	
So	7.	🌖 ♍	
Mo	8.	🌗 ♎	
Di	9.	🌗 ♎	
Mi	10.	🌗 ♏	
Do	11.	🌗 ♏	
Fr	12.	🌗 ♏	
Sa	13.	🌘 ♐	
So	14.	🌘 ♐	
Mo	15.	🌘 ♑	
Di	16.	🌘 ♑	
Mi	17.	🌑 ♑	03:17
Do	18.	🌒 ♒	
Fr	19.	🌒 ♒	
Sa	20.	🌒 ♓	
So	21.	🌒 ♓	
Mo	22.	🌒 🏹	
Di	23.	🌓 ♈	
Mi	24.	🌓 ♈	
Do	25.	🌓 ♉	
Fr	26.	🌓 ♉	
Sa	27.	🌔 🏹	
So	28.	🌔 🏹	
Mo	29.	🌔 ♋	
Di	30.	🌝 ♋	
Mi	31.	🌝 ♌	14:27

Februar

Tag			Zeit
Do	1.	🌖 ♌	
Fr	2.	🌖 ♍	
Sa	3.	🌖 ♍	
So	4.	🌖 ♎	
Mo	5.	🌖 ♎	
Di	6.	🌗 ♎	
Mi	7.	🌗 ♏	
Do	8.	🌗 ♏	
Fr	9.	🌗 ♐	
Sa	10.	🌗 ♐	
So	11.	🌘 ♐	
Mo	12.	🌘 ♑	
Di	13.	🌘 ♑	
Mi	14.	🌘 ♑	
Do	15.	🌑 ♒	22:05
Fr	16.	🌒 ♒	
Sa	17.	🌒 ♓	
So	18.	🌒 ♓	
Mo	19.	🌒 ♈	
Di	20.	🌒 ♈	
Mi	21.	🌒 ♉	
Do	22.	🌒 ♉	
Fr	23.	🌒 ♉	
Sa	24.	🌒 🏹	
So	25.	🌒 🏹	
Mo	26.	🌒 ♋	
Di	27.	🌒 ♋	
Mi	28.	🌒 ♌	

März

Tag			Zeit
Do	1.	🌓 ♋	
Fr	2.	🌝 ♋	01:51
Sa	3.	🌖 ♌	
So	4.	🌖 ♎	
Mo	5.	🌖 ♎	
Di	6.	🌖 ♏	
Mi	7.	🌖 ♏	
Do	8.	🌗 ♐	
Fr	9.	🌗 ♐	
Sa	10.	🌗 ♐	
So	11.	🌗 ♑	
Mo	12.	🌘 ♑	
Di	13.	🌘 ♒	
Mi	14.	🌘 ♒	
Do	15.	🌘 ♒	
Fr	16.	🌘 ♓	
Sa	17.	🌑 ♓	14:11
So	18.	🌒 ♈	
Mo	19.	🌒 ♈	
Di	20.	🌒 ♉	
Mi	21.	🌒 ♉	
Do	22.	🌒 ♉	
Fr	23.	🌒 🏹	
Sa	24.	🌒 🏹	
So	25.	🌒 🏹	
Mo	26.	🌒 ♋	
Di	27.	🌓 ♋	
Mi	28.	🌓 ♌	
Do	29.	🌔 ♍	
Fr	30.	🌔 ♍	
Sa	31.	🌝 ♎	13:35

April

Tag	Datum	Zeit
So	1.	
Mo	2.	
Di	3.	
Mi	4.	
Do	5.	
Fr	6.	
Sa	7.	
So	8.	
Mo	9.	
Di	10.	
Mi	11.	
Do	12.	
Fr	13.	
Sa	14.	
So	15.	
Mo	16.	02:56
Di	17.	
Mi	18.	
Do	19.	
Fr	20.	
Sa	21.	
So	22.	
Mo	23.	
Di	24.	
Mi	25.	
Do	26.	
Fr	27.	
Sa	28.	
So	29.	
Mo	30.	01:57

Mai

Tag	Datum	Zeit
Di	1.	
Mi	2.	
Do	3.	
Fr	4.	
Sa	5.	
So	6.	
Mo	7.	
Di	8.	
Mi	9.	
Do	10.	
Fr	11.	
Sa	12.	
So	13.	
Mo	14.	
Di	15.	12:47
Mi	16.	
Do	17.	
Fr	18.	
Sa	19.	
So	20.	
Mo	21.	
Di	22.	
Mi	23.	
Do	24.	
Fr	25.	
Sa	26.	
So	27.	
Mo	28.	
Di	29.	15:20
Mi	30.	
Do	31.	

Juni

Tag	Datum	Zeit
Fr	1.	
Sa	2.	
So	3.	
Mo	4.	
Di	5.	
Mi	6.	
Do	7.	
Fr	8.	
Sa	9.	
So	10.	
Mo	11.	
Di	12.	
Mi	13.	20:42
Do	14.	
Fr	15.	
Sa	16.	
So	17.	
Mo	18.	
Di	19.	
Mi	20.	
Do	21.	
Fr	22.	
Sa	23.	
So	24.	
Mo	25.	
Di	26.	
Mi	27.	
Do	28.	05:53
Fr	29.	
Sa	30.	

Juli

So	1.		03:47 / 21:19

	Juli		
So	1.		
Mo	2.		
Di	3.		
Mi	4.		
Do	5.		
Fr	6.		
Sa	7.		
So	8.		
Mo	9.		
Di	10.		
Mi	11.		
Do	12.		
Fr	13.		03:47
Sa	14.		
So	15.		
Mo	16.		
Di	17.		
Mi	18.		
Do	19.		
Fr	20.		
Sa	21.		
So	22.		
Mo	23.		
Di	24.		
Mi	25.		
Do	26.		
Fr	27.		21:19
Sa	28.		
So	29.		
Mo	30.		
Di	31.		

	August		
Mi	1.		
Do	2.		
Fr	3.		
Sa	4.		
So	5.		
Mo	6.		
Di	7.		
Mi	8.		
Do	9.		
Fr	10.		
Sa	11.		10:57
So	12.		
Mo	13.		
Di	14.		
Mi	15.		
Do	16.		
Fr	17.		
Sa	18.		
So	19.		
Mo	20.		
Di	21.		
Mi	22.		
Do	23.		
Fr	24.		
Sa	25.		
So	26.		12:54
Mo	27.		
Di	28.		
Mi	29.		
Do	30.		
Fr	31.		

	September		
Sa	1.		
So	2.		
Mo	3.		
Di	4.		
Mi	5.		
Do	6.		
Fr	7.		
Sa	8.		
So	9.		19:01
Mo	10.		
Di	11.		
Mi	12.		
Do	13.		
Fr	14.		
Sa	15.		
So	16.		
Mo	17.		
Di	18.		
Mi	19.		
Do	20.		
Fr	21.		
Sa	22.		
So	23.		
Mo	24.		
Di	25.		03:52
Mi	26.		
Do	27.		
Fr	28.		
Sa	29.		
So	30.		

Oktober

Mo	1.		
Di	2.		
Mi	3.		
Do	4.		
Fr	5.		
Sa	6.		
So	7.		
Mo	8.		
Di	9.		04:46
Mi	10.		
Do	11.		
Fr	12.		
Sa	13.		
So	14.		
Mo	15.		
Di	16.		
Mi	17.		
Do	18.		
Fr	19.		
Sa	20.		
So	21.		
Mo	22.		
Di	23.		
Mi	24.		17:46
Do	25.		
Fr	26.		
Sa	27.		
So	28.		
Mo	29.		
Di	30.		
Mi	31.		

November

Do	1.		
Fr	2.		
Sa	3.		
So	4.		
Mo	5.		
Di	6.		
Mi	7.		17:01
Do	8.		
Fr	9.		
Sa	10.		
So	11.		
Mo	12.		
Di	13.		
Mi	14.		
Do	15.		
Fr	16.		
Sa	17.		
So	18.		
Mo	19.		
Di	20.		
Mi	21.		
Do	22.		
Fr	23.		06:39
Sa	24.		
So	25.		
Mo	26.		
Di	27.		
Mi	28.		
Do	29.		
Fr	30.		

Dezember

Sa	1.		
So	2.		
Mo	3.		
Di	4.		
Mi	5.		
Do	6.		
Fr	7.		08:20
Sa	8.		
So	9.		
Mo	10.		
Di	11.		
Mi	12.		
Do	13.		
Fr	14.		
Sa	15.		
So	16.		
Mo	17.		
Di	18.		
Mi	19.		
Do	20.		
Fr	21.		
Sa	22.		18:47
So	23.		
Mo	24.		
Di	25.		
Mi	26.		
Do	27.		
Fr	28.		
Sa	29.		
So	30.		
Mo	31.		

Januar

Di	1.		
Mi	2.		
Do	3.		
Fr	4.		
Sa	5.		
So	6.		02:28
Mo	7.		
Di	8.		
Mi	9.		
Do	10.		
Fr	11.		
Sa	12.		
So	13.		
Mo	14.		
Di	15.		
Mi	16.		
Do	17.		
Fr	18.		
Sa	19.		
So	20.		
Mo	21.		06:14
Di	22.		
Mi	23.		
Do	24.		
Fr	25.		
Sa	26.		
So	27.		
Mo	28.		
Di	29.		
Mi	30.		
Do	31.		

Februar

Fr	1.		
Sa	2.		
So	3.		
Mo	4.		22:03
Di	5.		
Mi	6.		
Do	7.		
Fr	8.		
Sa	9.		
So	10.		
Mo	11.		
Di	12.		
Mi	13.		
Do	14.		
Fr	15.		
Sa	16.		
So	17.		
Mo	18.		
Di	19.		16:53
Mi	20.		
Do	21.		
Fr	22.		
Sa	23.		
So	24.		
Mo	25.		
Di	26.		
Mi	27.		
Do	28.		

März

Fr	1.		
Sa	2.		
So	3.		
Mo	4.		
Di	5.		
Mi	6.		17:03
Do	7.		
Fr	8.		
Sa	9.		
So	10.		
Mo	11.		
Di	12.		
Mi	13.		
Do	14.		
Fr	15.		
Sa	16.		
So	17.		
Mo	18.		
Di	19.		
Mi	20.		
Do	21.		02:43
Fr	22.		
Sa	23.		
So	24.		
Mo	25.		
Di	26.		
Mi	27.		
Do	28.		
Fr	29.		
Sa	30.		
So	31.		

April				Mai				Juni			
Mo	1.	☽	♒	Mi	1.	☽	♓	Sa	1.	☽	♉
Di	2.	☽	♓	Do	2.	☽	♈	So	2.	☽	♉
Mi	3.	☽	♓	Fr	3.	☽	♈	Mo	3.	●	♊ 11:01
Do	4.	☽	♓	Sa	4.	●	♉ 23:45	Di	4.	☽	♊
Fr	5.	●	♈ 09:50	So	5.	☽	♉	Mi	5.	☽	♋
Sa	6.	☽	♈	Mo	6.	☽	♉	Do	6.	☽	♋
So	7.	☽	♉	Di	7.	☽	♊	Fr	7.	☽	♌
Mo	8.	☽	♉	Mi	8.	☽	♊	Sa	8.	☽	♌
Di	9.	☽	♊	Do	9.	☽	♋	So	9.	☽	♍
Mi	10.	☽	♊	Fr	10.	☽	♋	Mo	10.	☽	♍
Do	11.	☽	♊	Sa	11.	☽	♌	Di	11.	☽	♍
Fr	12.	☽	♋	So	12.	☽	♌	Mi	12.	☽	♎
Sa	13.	☽	♋	Mo	13.	☽	♍	Do	13.	☽	♎
So	14.	☽	♌	Di	14.	☽	♍	Fr	14.	☽	♏
Mo	15.	☽	♌	Mi	15.	☽	♎	Sa	15.	☽	♏
Di	16.	☽	♍	Do	16.	☽	♎	So	16.	☽	♐
Mi	17.	☽	♍	Fr	17.	☽	♏	Mo	17.	○	♐ 09:29
Do	18.	☽	♎	Sa	18.	○	♏ 22:09	Di	18.	☽	♑
Fr	19.	○	♎ 12:11	So	19.	☽	♏	Mi	19.	☽	♑
Sa	20.	☽	♏	Mo	20.	☽	♐	Do	20.	☽	♑
So	21.	☽	♏	Di	21.	☽	♐	Fr	21.	☽	♒
Mo	22.	☽	♐	Mi	22.	☽	♑	Sa	22.	☽	♒
Di	23.	☽	♐	Do	23.	☽	♑	So	23.	☽	♓
Mi	24.	☽	♑	Fr	24.	☽	♒	Mo	24.	☽	♓
Do	25.	☽	♑	Sa	25.	☽	♒	Di	25.	☽	♓
Fr	26.	☽	♑	So	26.	☽	♒	Mi	26.	☽	♈
Sa	27.	☽	♒	Mo	27.	☽	♓	Do	27.	☽	♈
So	28.	☽	♒	Di	28.	☽	♓	Fr	28.	☽	♈
Mo	29.	☽	♓	Mi	29.	☽	♈	Sa	29.	☽	♉
Di	30.	☽	♓	Do	30.	☽	♈	So	30.	☽	♊
				Fr	31.	☽	♈				

Mondkalender 2019

Juli		August		September	
Mo 1.		Do 1.	04:11	So 1.	
Di 2.	20:15	Fr 2.		Mo 2.	
Mi 3.		Sa 3.		Di 3.	
Do 4.		So 4.		Mi 4.	
Fr 5.		Mo 5.		Do 5.	
Sa 6.		Di 6.		Fr 6.	
So 7.		Mi 7.		Sa 7.	
Mo 8.		Do 8.		So 8.	
Di 9.		Fr 9.		Mo 9.	
Mi 10.		Sa 10.		Di 10.	
Do 11.		So 11.		Mi 11.	
Fr 12.		Mo 12.		Do 12.	
Sa 13.		Di 13.		Fr 13.	
So 14.		Mi 14.		Sa 14.	05:32
Mo 15.		Do 15.	13:30	So 15.	
Di 16.	22:38	Fr 16.		Mo 16.	
Mi 17.		Sa 17.		Di 17.	
Do 18.		So 18.		Mi 18.	
Fr 19.		Mo 19.		Do 19.	
Sa 20.		Di 20.		Fr 20.	
So 21.		Mi 21.		Sa 21.	
Mo 22.		Do 22.		So 22.	
Di 23.		Fr 23.		Mo 23.	
Mi 24.		Sa 24.		Di 24.	
Do 25.		So 25.		Mi 25.	
Fr 26.		Mo 26.		Do 26.	
Sa 27.		Di 27.		Fr 27.	
So 28.		Mi 28.		Sa 28.	19:26
Mo 29.		Do 29.		So 29.	
Di 30.		Fr 30.	11:36	Mo 30.	
Mi 31.		Sa 31.			

Oktober		
Di	1.	🌙
Mi	2.	🌙
Do	3.	🌙
Fr	4.	🌙
Sa	5.	🌙
So	6.	🌙
Mo	7.	🌙
Di	8.	🌙
Mi	9.	🌙
Do	10.	🌙
Fr	11.	🌙
Sa	12.	🌙
So	13.	🌝 22:06
Mo	14.	🌔
Di	15.	🌔
Mi	16.	🌔
Do	17.	🌔
Fr	18.	🌔
Sa	19.	🌔
So	20.	🌔
Mo	21.	🌔
Di	22.	🌔
Mi	23.	🌔
Do	24.	🌔
Fr	25.	🌔
Sa	26.	🌔
So	27.	🌔
Mo	28.	🌑 04:38
Di	29.	🌙
Mi	30.	🌙
Do	31.	🌙

November		
Fr	1.	🌙
Sa	2.	🌙
So	3.	🌙
Mo	4.	🌙
Di	5.	🌙
Mi	6.	🌙
Do	7.	🌙
Fr	8.	🌙
Sa	9.	🌙
So	10.	🌙
Mo	11.	🌙
Di	12.	🌝 14:34
Mi	13.	🌔
Do	14.	🌔
Fr	15.	🌔
Sa	16.	🌔
So	17.	🌔
Mo	18.	🌔
Di	19.	🌔
Mi	20.	🌔
Do	21.	🌔
Fr	22.	🌔
Sa	23.	🌔
So	24.	🌔
Mo	25.	🌔
Di	26.	🌑 16:05
Mi	27.	🌙
Do	28.	🌙
Fr	29.	🌙
Sa	30.	🌙

Dezember		
So	1.	🌙
Mo	2.	🌙
Di	3.	🌙
Mi	4.	🌙
Do	5.	🌙
Fr	6.	🌙
Sa	7.	🌙
So	8.	🌙
Mo	9.	🌙
Di	10.	🌙
Mi	11.	🌙
Do	12.	🌝 06:13
Fr	13.	🌔
Sa	14.	🌔
So	15.	🌔
Mo	16.	🌔
Di	17.	🌔
Mi	18.	🌔
Do	19.	🌔
Fr	20.	🌔
Sa	21.	🌔
So	22.	🌔
Mo	23.	🌔
Di	24.	🌔
Mi	25.	🌔
Do	26.	🌑 06:12
Fr	27.	🌙
Sa	28.	🌙
So	29.	🌙
Mo	30.	🌙
Di	31.	🌙

Mondkalender 2020

Januar

Mi	1.		
Do	2.		
Fr	3.		
Sa	4.		
So	5.		
Mo	6.		
Di	7.		
Mi	8.		
Do	9.		
Fr	10.		20:21
Sa	11.		
So	12.		
Mo	13.		
Di	14.		
Mi	15.		
Do	16.		
Fr	17.		
Sa	18.		
So	19.		
Mo	20.		
Di	21.		
Mi	22.		
Do	23.		
Fr	24.		22:41
Sa	25.		
So	26.		
Mo	27.		
Di	28.		
Mi	29.		
Do	30.		
Fr	31.		

Februar

Sa	1.		
So	2.		
Mo	3.		
Di	4.		
Mi	5.		
Do	6.		
Fr	7.		
Sa	8.		
So	9.		08:31
Mo	10.		
Di	11.		
Mi	12.		
Do	13.		
Fr	14.		
Sa	15.		
So	16.		
Mo	17.		
Di	18.		
Mi	19.		
Do	20.		
Fr	21.		
Sa	22.		
So	23.		16:31
Mo	24.		
Di	25.		
Mi	26.		
Do	27.		
Fr	28.		
Sa	29.		

März

So	1.		
Mo	2.		
Di	3.		
Mi	4.		
Do	5.		
Fr	6.		
Sa	7.		
So	8.		
Mo	9.		18:46
Di	10.		
Mi	11.		
Do	12.		
Fr	13.		
Sa	14.		
So	15.		
Mo	16.		
Di	17.		
Mi	18.		
Do	19.		
Fr	20.		
Sa	21.		
So	22.		
Mo	23.		
Di	24.		10:27
Mi	25.		
Do	26.		
Fr	27.		
Sa	28.		
So	29.		
Mo	30.		
Di	31.		

April			Mai			Juni		
Mi	1.		Fr	1.		Mo	1.	
Do	2.		Sa	2.		Di	2.	
Fr	3.		So	3.		Mi	3.	
Sa	4.		Mo	4.		Do	4.	
So	5.		Di	5.		Fr	5.	20:12
Mo	6.		Mi	6.		Sa	6.	
Di	7.		Do	7.	11:46	So	7.	
Mi	8.	03:35	Fr	8.		Mo	8.	
Do	9.		Sa	9.		Di	9.	
Fr	10.		So	10.		Mi	10.	
Sa	11.		Mo	11.		Do	11.	
So	12.		Di	12.		Fr	12.	
Mo	13.		Mi	13.		Sa	13.	
Di	14.		Do	14.		So	14.	
Mi	15.		Fr	15.		Mo	15.	
Do	16.		Sa	16.		Di	16.	
Fr	17.		So	17.		Mi	17.	
Sa	18.		Mo	18.		Do	18.	
So	19.		Di	19.		Fr	19.	
Mo	20.		Mi	20.		Sa	20.	
Di	21.		Do	21.		So	21.	07:41
Mi	22.		Fr	22.	18:38	Mo	22.	
Do	23.	03:25	Sa	23.		Di	23.	
Fr	24.		So	24.		Mi	24.	
Sa	25.		Mo	25.		Do	25.	
So	26.		Di	26.		Fr	26.	
Mo	27.		Mi	27.		Sa	27.	
Di	28.		Do	28.		So	28.	
Mi	29.		Fr	29.		Mo	29.	
Do	30.		Sa	30.		Di	30.	
			So	31.				

Mondkalender 2020

Juli		August		September	
Mi	1.	Sa	1.	Di	1.
Do	2.	So	2.	Mi	2. 06:22
Fr	3.	Mo	3. 16:58	Do	3.
Sa	4.	Di	4.	Fr	4.
So	5. 05:43	Mi	5.	Sa	5.
Mo	6.	Do	6.	So	6.
Di	7.	Fr	7.	Mo	7.
Mi	8.	Sa	8.	Di	8.
Do	9.	So	9.	Mi	9.
Fr	10.	Mo	10.	Do	10.
Sa	11.	Di	11.	Fr	11.
So	12.	Mi	12.	Sa	12.
Mo	13.	Do	13.	So	13.
Di	14.	Fr	14.	Mo	14.
Mi	15.	Sa	15.	Di	15.
Do	16.	So	16.	Mi	16.
Fr	17.	Mo	17.	Do	17. 11:59
Sa	18.	Di	18.	Fr	18.
So	19.	Mi	19. 03:41	Sa	19.
Mo	20. 18:32	Do	20.	So	20.
Di	21.	Fr	21.	Mo	21.
Mi	22.	Sa	22.	Di	22.
Do	23.	So	23.	Mi	23.
Fr	24.	Mo	24.	Do	24.
Sa	25.	Di	25.	Fr	25.
So	26.	Mi	26.	Sa	26.
Mo	27.	Do	27.	So	27.
Di	28.	Fr	28.	Mo	28.
Mi	29.	Sa	29.	Di	29.
Do	30.	So	30.	Mi	30.
Fr	31.	Mo	31.		

Oktober

Do	1.	22:06
Fr	2.	
Sa	3.	
So	4.	
Mo	5.	
Di	6.	
Mi	7.	
Do	8.	
Fr	9.	
Sa	10.	
So	11.	
Mo	12.	
Di	13.	
Mi	14.	
Do	15.	
Fr	16.	20:30
Sa	17.	
So	18.	
Mo	19.	
Di	20.	
Mi	21.	
Do	22.	
Fr	23.	
Sa	24.	
So	25.	
Mo	26.	
Di	27.	
Mi	28.	
Do	29.	
Fr	30.	
Sa	31.	15:48

November

So	1.	
Mo	2.	
Di	3.	
Mi	4.	
Do	5.	
Fr	6.	
Sa	7.	
So	8.	
Mo	9.	
Di	10.	
Mi	11.	
Do	12.	
Fr	13.	
Sa	14.	
So	15.	06:06
Mo	16.	
Di	17.	
Mi	18.	
Do	19.	
Fr	20.	
Sa	21.	
So	22.	
Mo	23.	
Di	24.	
Mi	25.	
Do	26.	
Fr	27.	
Sa	28.	
So	29.	
Mo	30.	10:28

Dezember

Di	1.	
Mi	2.	
Do	3.	
Fr	4.	
Sa	5.	
So	6.	
Mo	7.	
Di	8.	
Mi	9.	
Do	10.	
Fr	11.	
Sa	12.	
So	13.	
Mo	14.	17:16
Di	15.	
Mi	16.	
Do	17.	
Fr	18.	
Sa	19.	
So	20.	
Mo	21.	
Di	22.	
Mi	23.	
Do	24.	
Fr	25.	
Sa	26.	
So	27.	
Mo	28.	
Di	29.	
Mi	30.	04:27
Do	31.	

Mondkalender 2021

Januar

Fr	1.	
Sa	2.	
So	3.	
Mo	4.	
Di	5.	
Mi	6.	
Do	7.	
Fr	8.	
Sa	9.	
So	10.	
Mo	11.	
Di	12.	
Mi	13.	05:59
Do	14.	
Fr	15.	
Sa	16.	
So	17.	
Mo	18.	
Di	19.	
Mi	20.	
Do	21.	
Fr	22.	
Sa	23.	
So	24.	
Mo	25.	
Di	26.	
Mi	27.	
Do	28.	20:17
Fr	29.	
Sa	30.	
So	31.	

Februar

Mo	1.	
Di	2.	
Mi	3.	
Do	4.	
Fr	5.	
Sa	6.	
So	7.	
Mo	8.	
Di	9.	
Mi	10.	
Do	11.	20:05
Fr	12.	
Sa	13.	
So	14.	
Mo	15.	
Di	16.	
Mi	17.	
Do	18.	
Fr	19.	
Sa	20.	
So	21.	
Mo	22.	
Di	23.	
Mi	24.	
Do	25.	
Fr	26.	
Sa	27.	09:17
So	28.	

März

Mo	1.	
Di	2.	
Mi	3.	
Do	4.	
Fr	5.	
Sa	6.	
So	7.	
Mo	8.	
Di	9.	
Mi	10.	
Do	11.	
Fr	12.	
Sa	13.	11:20
So	14.	
Mo	15.	
Di	16.	
Mi	17.	
Do	18.	
Fr	19.	
Sa	20.	
So	21.	
Mo	22.	
Di	23.	
Mi	24.	
Do	25.	
Fr	26.	
Sa	27.	
So	28.	19:46
Mo	29.	
Di	30.	
Mi	31.	

April		Mai		Juni	
Do 1.		Sa 1.		Di 1.	
Fr 2.		So 2.		Mi 2.	
Sa 3.		Mo 3.		Do 3.	
So 4.		Di 4.		Fr 4.	
Mo 5.		Mi 5.		Sa 5.	
Di 6.		Do 6.		So 6.	
Mi 7.		Fr 7.		Mo 7.	
Do 8.		Sa 8.		Di 8.	
Fr 9.		So 9.		Mi 9.	
Sa 10.		Mo 10.		Do 10.	11:52
So 11.		Di 11.	19:59	Fr 11.	
Mo 12.	03:30	Mi 12.		Sa 12.	
Di 13.		Do 13.		So 13.	
Mi 14.		Fr 14.		Mo 14.	
Do 15.		Sa 15.		Di 15.	
Fr 16.		So 16.		Mi 16.	
Sa 17.		Mo 17.		Do 17.	
So 18.		Di 18.		Fr 18.	
Mo 19.		Mi 19.		Sa 19.	
Di 20.		Do 20.		So 20.	
Mi 21.		Fr 21.		Mo 21.	
Do 22.		Sa 22.		Di 22.	
Fr 23.		So 23.		Mi 23.	
Sa 24.		Mo 24.		Do 24.	19:40
So 25.		Di 25.		Fr 25.	
Mo 26.		Mi 26.	12:14	Sa 26.	
Di 27.	04:30	Do 27.		So 27.	
Mi 28.		Fr 28.		Mo 28.	
Do 29.		Sa 29.		Di 29.	
Fr 30.		So 30.		Mi 30.	
		Mo 31.			

189

Juli

Do	1.		
Fr	2.		
Sa	3.		
So	4.		
Mo	5.		
Di	6.		
Mi	7.		
Do	8.		
Fr	9.		
Sa	10.		02:16
So	11.		
Mo	12.		
Di	13.		
Mi	14.		
Do	15.		
Fr	16.		
Sa	17.		
So	18.		
Mo	19.		
Di	20.		
Mi	21.		
Do	22.		
Fr	23.		
Sa	24.		03:36
So	25.		
Mo	26.		
Di	27.		
Mi	28.		
Do	29.		
Fr	30.		
Sa	31.		

August

So	1.		
Mo	2.		
Di	3.		
Mi	4.		
Do	5.		
Fr	6.		
Sa	7.		
So	8.		14:49
Mo	9.		
Di	10.		
Mi	11.		
Do	12.		
Fr	13.		
Sa	14.		
So	15.		
Mo	16.		
Di	17.		
Mi	18.		
Do	19.		
Fr	20.		
Sa	21.		
So	22.		13:00
Mo	23.		
Di	24.		
Mi	25.		
Do	26.		
Fr	27.		
Sa	28.		
So	29.		
Mo	30.		
Di	31.		

September

Mi	1.		
Do	2.		
Fr	3.		
Sa	4.		
So	5.		
Mo	6.		
Di	7.		01:51
Mi	8.		
Do	9.		
Fr	10.		
Sa	11.		
So	12.		
Mo	13.		
Di	14.		
Mi	15.		
Do	16.		
Fr	17.		
Sa	18.		
So	19.		
Mo	20.		15:57
Di	21.		
Mi	22.		
Do	23.		
Fr	24.		
Sa	25.		
So	26.		
Mo	27.		
Di	28.		
Mi	29.		
Do	30.		

Oktober			November			Dezember		
Fr	1.		Mo	1.		Mi	1.	
Sa	2.		Di	2.		Do	2.	
So	3.		Mi	3.		Fr	3.	
Mo	4.		Do	4.	22:14	Sa	4.	08:42
Di	5.		Fr	5.		So	5.	
Mi	6.	12:04	Sa	6.		Mo	6.	
Do	7.		So	7.		Di	7.	
Fr	8.		Mo	8.		Mi	8.	
Sa	9.		Di	9.		Do	9.	
So	10.		Mi	10.		Fr	10.	
Mo	11.		Do	11.		Sa	11.	
Di	12.		Fr	12.		So	12.	
Mi	13.		Sa	13.		Mo	13.	
Do	14.		So	14.		Di	14.	
Fr	15.		Mo	15.		Mi	15.	
Sa	16.		Di	16.		Do	16.	
So	17.		Mi	17.		Fr	17.	
Mo	18.		Do	18.		Sa	18.	
Di	19.		Fr	19.	09:57	So	19.	05:34
Mi	20.	15:57	Sa	20.		Mo	20.	
Do	21.		So	21.		Di	21.	
Fr	22.		Mo	22.		Mi	22.	
Sa	23.		Di	23.		Do	23.	
So	24.		Mi	24.		Fr	24.	
Mo	25.		Do	25.		Sa	25.	
Di	26.		Fr	26.		So	26.	
Mi	27.		Sa	27.		Mo	27.	
Do	28.		So	28.		Di	28.	
Fr	29.		Mo	29.		Mi	29.	
Sa	30.		Di	30.		Do	30.	
So	31.					Fr	31.	

Mondkalender 2022

Januar		Februar		März	
Sa	1.	Di	1. 06:45	Di	1.
So	2. 19:33	Mi	2.	Mi	2. 18:34
Mo	3.	Do	3.	Do	3.
Di	4.	Fr	4.	Fr	4.
Mi	5.	Sa	5.	Sa	5.
Do	6.	So	6.	So	6.
Fr	7.	Mo	7.	Mo	7.
Sa	8.	Di	8.	Di	8.
So	9.	Mi	9.	Mi	9.
Mo	10.	Do	10.	Do	10.
Di	11.	Fr	11.	Fr	11.
Mi	12.	Sa	12.	Sa	12.
Do	13.	So	13.	So	13.
Fr	14.	Mo	14.	Mo	14.
Sa	15.	Di	15.	Di	15.
So	16.	Mi	16. 17:56	Mi	16.
Mo	17.	Do	17.	Do	17.
Di	18. 00:47	Fr	18.	Fr	18. 08:18
Mi	19.	Sa	19.	Sa	19.
Do	20.	So	20.	So	20.
Fr	21.	Mo	21.	Mo	21.
Sa	22.	Di	22.	Di	22.
So	23.	Mi	23.	Mi	23.
Mo	24.	Do	24.	Do	24.
Di	25.	Fr	25.	Fr	25.
Mi	26.	Sa	26.	Sa	26.
Do	27.	So	27.	So	27.
Fr	28.	Mo	28.	Mo	28.
Sa	29.			Di	29.
So	30.			Mi	30.
Mo	31.			Do	31.

April

Fr	1.		07:24
Sa	2.		
So	3.		
Mo	4.		
Di	5.		
Mi	6.		
Do	7.		
Fr	8.		
Sa	9.		
So	10.		
Mo	11.		
Di	12.		
Mi	13.		
Do	14.		
Fr	15.		
Sa	16.		19:55
So	17.		
Mo	18.		
Di	19.		
Mi	20.		
Do	21.		
Fr	22.		
Sa	23.		
So	24.		
Mo	25.		
Di	26.		
Mi	27.		
Do	28.		
Fr	29.		
Sa	30.		21:27

Mai

So	1.		
Mo	2.		
Di	3.		
Mi	4.		
Do	5.		
Fr	6.		
Sa	7.		
So	8.		
Mo	9.		
Di	10.		
Mi	11.		
Do	12.		
Fr	13.		
Sa	14.		
So	15.		
Mo	16.		05:12
Di	17.		
Mi	18.		
Do	19.		
Fr	20.		
Sa	21.		
So	22.		
Mo	23.		
Di	24.		
Mi	25.		
Do	26.		
Fr	27.		
Sa	28.		
So	29.		
Mo	30.		12:29
Di	31.		

Juni

Mi	1.		
Do	2.		
Fr	3.		
Sa	4.		
So	5.		
Mo	6.		
Di	7.		
Mi	8.		
Do	9.		
Fr	10.		
Sa	11.		
So	12.		
Mo	13.		
Di	14.		12:50
Mi	15.		
Do	16.		
Fr	17.		
Sa	18.		
So	19.		
Mo	20.		
Di	21.		
Mi	22.		
Do	23.		
Fr	24.		
Sa	25.		
So	26.		
Mo	27.		
Di	28.		
Mi	29.		03:51
Do	30.		

Mondkalender 2022

Juli	August	September
Fr 1.	Mo 1.	Do 1.
Sa 2.	Di 2.	Fr 2.
So 3.	Mi 3.	Sa 3.
Mo 4.	Do 4.	So 4.
Di 5.	Fr 5.	Mo 5.
Mi 6.	Sa 6.	Di 6.
Do 7.	So 7.	Mi 7.
Fr 8.	Mo 8.	Do 8.
Sa 9.	Di 9.	Fr 9.
So 10.	Mi 10.	Sa 10. 10:58
Mo 11.	Do 11.	So 11.
Di 12.	Fr 12. 02:36	Mo 12.
Mi 13. 19:37	Sa 13.	Di 13.
Do 14.	So 14.	Mi 14.
Fr 15.	Mo 15.	Do 15.
Sa 16.	Di 16.	Fr 16.
So 17.	Mi 17.	Sa 17.
Mo 18.	Do 18.	So 18.
Di 19.	Fr 19.	Mo 19.
Mi 20.	Sa 20.	Di 20.
Do 21.	So 21.	Mi 21.
Fr 22.	Mo 22.	Do 22.
Sa 23.	Di 23.	Fr 23.
So 24.	Mi 24.	Sa 24.
Mo 25.	Do 25.	So 25. 22:54
Di 26.	Fr 26.	Mo 26.
Mi 27.	Sa 27. 09:16	Di 27.
Do 28. 18:54	So 28.	Mi 28.
Fr 29.	Mo 29.	Do 29.
Sa 30.	Di 30.	Fr 30.
So 31.	Mi 31.	

Oktober

Sa	1.		
So	2.		
Mo	3.		
Di	4.		
Mi	5.		
Do	6.		
Fr	7.		
Sa	8.		
So	9.		21:53
Mo	10.		
Di	11.		
Mi	12.		
Do	13.		
Fr	14.		
Sa	15.		
So	16.		
Mo	17.		
Di	18.		
Mi	19.		
Do	20.		
Fr	21.		
Sa	22.		
So	23.		
Mo	24.		
Di	25.		11:48
Mi	26.		
Do	27.		
Fr	28.		
Sa	29.		
So	30.		
Mo	31.		

November

Di	1.		
Mi	2.		
Do	3.		
Fr	4.		
Sa	5.		
So	6.		
Mo	7.		
Di	8.		12:01
Mi	9.		
Do	10.		
Fr	11.		
Sa	12.		
So	13.		
Mo	14.		
Di	15.		
Mi	16.		
Do	17.		
Fr	18.		
Sa	19.		
So	20.		
Mo	21.		
Di	22.		
Mi	23.		23:56
Do	24.		
Fr	25.		
Sa	26.		
So	27.		
Mo	28.		
Di	29.		
Mi	30.		

Dezember

Do	1.		
Fr	2.		
Sa	3.		
So	4.		
Mo	5.		
Di	6.		
Mi	7.		
Do	8.		05:08
Fr	9.		
Sa	10.		
So	11.		
Mo	12.		
Di	13.		
Mi	14.		
Do	15.		
Fr	16.		
Sa	17.		
So	18.		
Mo	19.		
Di	20.		
Mi	21.		
Do	22.		
Fr	23.		11:16
Sa	24.		
So	25.		
Mo	26.		
Di	27.		
Mi	28.		
Do	29.		
Fr	30.		
Sa	31.		

Januar

So	1.		
Mo	2.		
Di	3.		
Mi	4.		
Do	5.		
Fr	6.		
Sa	7.		00:08
So	8.		
Mo	9.		
Di	10.		
Mi	11.		
Do	12.		
Fr	13.		
Sa	14.		
So	15.		
Mo	16.		
Di	17.		
Mi	18.		
Do	19.		
Fr	20.		
Sa	21.		21:52
So	22.		
Mo	23.		
Di	24.		
Mi	25.		
Do	26.		
Fr	27.		
Sa	28.		
So	29.		
Mo	30.		
Di	31.		

Februar

Mi	1.		
Do	2.		
Fr	3.		
Sa	4.		
So	5.		19:27
Mo	6.		
Di	7.		
Mi	8.		
Do	9.		
Fr	10.		
Sa	11.		
So	12.		
Mo	13.		
Di	14.		
Mi	15.		
Do	16.		
Fr	17.		
Sa	18.		
So	19.		
Mo	20.		08:05
Di	21.		
Mi	22.		
Do	23.		
Fr	24.		
Sa	25.		
So	26.		
Mo	27.		
Di	28.		

März

Mi	1.		
Do	2.		
Fr	3.		
Sa	4.		
So	5.		
Mo	6.		
Di	7.		13:38
Mi	8.		
Do	9.		
Fr	10.		
Sa	11.		
So	12.		
Mo	13.		
Di	14.		
Mi	15.		
Do	16.		
Fr	17.		
Sa	18.		
So	19.		
Mo	20.		
Di	21.		18:22
Mi	22.		
Do	23.		
Fr	24.		
Sa	25.		
So	26.		
Mo	27.		
Di	28.		
Mi	29.		
Do	30.		
Fr	31.		

April

Sa	1.	
So	2.	
Mo	3.	
Di	4.	
Mi	5.	
Do	6.	05:34
Fr	7.	
Sa	8.	
So	9.	
Mo	10.	
Di	11.	
Mi	12.	
Do	13.	
Fr	14.	
Sa	15.	
So	16.	
Mo	17.	
Di	18.	
Mi	19.	
Do	20.	05:11
Fr	21.	
Sa	22.	
So	23.	
Mo	24.	
Di	25.	
Mi	26.	
Do	27.	
Fr	28.	
Sa	29.	
So	30.	

Mai

Mo	1.	
Di	2.	
Mi	3.	
Do	4.	
Fr	5.	18:34
Sa	6.	
So	7.	
Mo	8.	
Di	9.	
Mi	10.	
Do	11.	
Fr	12.	
Sa	13.	
So	14.	
Mo	15.	
Di	16.	
Mi	17.	
Do	18.	
Fr	19.	16:52
Sa	20.	
So	21.	
Mo	22.	
Di	23.	
Mi	24.	
Do	25.	
Fr	26.	
Sa	27.	
So	28.	
Mo	29.	
Di	30.	
Mi	31.	

Juni

Do	1.	
Fr	2.	
Sa	3.	
So	4.	04:41
Mo	5.	
Di	6.	
Mi	7.	
Do	8.	
Fr	9.	
Sa	10.	
So	11.	
Mo	12.	
Di	13.	
Mi	14.	
Do	15.	
Fr	16.	
Sa	17.	
So	18.	05:36
Mo	19.	
Di	20.	
Mi	21.	
Do	22.	
Fr	23.	
Sa	24.	
So	25.	
Mo	26.	
Di	27.	
Mi	28.	
Do	29.	
Fr	30.	

Mondkalender 2023

Juli

Sa	1.	
So	2.	
Mo	3.	12:37
Di	4.	
Mi	5.	
Do	6.	
Fr	7.	
Sa	8.	
So	9.	
Mo	10.	
Di	11.	
Mi	12.	
Do	13.	
Fr	14.	
Sa	15.	
So	16.	
Mo	17.	19:31
Di	18.	
Mi	19.	
Do	20.	
Fr	21.	
Sa	22.	
So	23.	
Mo	24.	
Di	25.	
Mi	26.	
Do	27.	
Fr	28.	
Sa	29.	
So	30.	
Mo	31.	

August

Di	1.	19:30
Mi	2.	
Do	3.	
Fr	4.	
Sa	5.	
So	6.	
Mo	7.	
Di	8.	
Mi	9.	
Do	10.	
Fr	11.	
Sa	12.	
So	13.	
Mo	14.	
Di	15.	
Mi	16.	10:37
Do	17.	
Fr	18.	
Sa	19.	
So	20.	
Mo	21.	
Di	22.	
Mi	23.	
Do	24.	
Fr	25.	
Sa	26.	
So	27.	
Mo	28.	
Di	29.	
Mi	30.	
Do	31.	02:36

September

Fr	1.	
Sa	2.	
So	3.	
Mo	4.	
Di	5.	
Mi	6.	
Do	7.	
Fr	8.	
Sa	9.	
So	10.	
Mo	11.	
Di	12.	
Mi	13.	
Do	14.	
Fr	15.	02:39
Sa	16.	
So	17.	
Mo	18.	
Di	19.	
Mi	20.	
Do	21.	
Fr	22.	
Sa	23.	
So	24.	
Mo	25.	
Di	26.	
Mi	27.	
Do	28.	
Fr	29.	10:58
Sa	30.	

Oktober

So	1.	
Mo	2.	
Di	3.	
Mi	4.	
Do	5.	
Fr	6.	
Sa	7.	
So	8.	
Mo	9.	
Di	10.	
Mi	11.	
Do	12.	
Fr	13.	
Sa	14.	18:54
So	15.	
Mo	16.	
Di	17.	
Mi	18.	
Do	19.	
Fr	20.	
Sa	21.	
So	22.	
Mo	23.	
Di	24.	
Mi	25.	
Do	26.	
Fr	27.	
Sa	28.	21:23
So	29.	
Mo	30.	
Di	31.	

November

Mi	1.	
Do	2.	
Fr	3.	
Sa	4.	
So	5.	
Mo	6.	
Di	7.	
Mi	8.	
Do	9.	
Fr	10.	
Sa	11.	
So	12.	
Mo	13.	10:27
Di	14.	
Mi	15.	
Do	16.	
Fr	17.	
Sa	18.	
So	19.	
Mo	20.	
Di	21.	
Mi	22.	
Do	23.	
Fr	24.	
Sa	25.	
So	26.	
Mo	27.	10:14
Di	28.	
Mi	29.	
Do	30.	

Dezember

Fr	1.	
Sa	2.	
So	3.	
Mo	4.	
Di	5.	
Mi	6.	
Do	7.	
Fr	8.	
Sa	9.	
So	10.	
Mo	11.	
Di	12.	
Mi	13.	00:31
Do	14.	
Fr	15.	
Sa	16.	
So	17.	
Mo	18.	
Di	19.	
Mi	20.	
Do	21.	
Fr	22.	
Sa	23.	
So	24.	
Mo	25.	
Di	26.	
Mi	27.	01:32
Do	28.	
Fr	29.	
Sa	30.	
So	31.	

Mondkalender 2024

Januar

Mo	1.		
Di	2.		
Mi	3.		
Do	4.		
Fr	5.		
Sa	6.		
So	7.		
Mo	8.		
Di	9.		
Mi	10.		
Do	11.		12:56
Fr	12.		
Sa	13.		
So	14.		
Mo	15.		
Di	16.		
Mi	17.		
Do	18.		
Fr	19.		
Sa	20.		
So	21.		
Mo	22.		
Di	23.		
Mi	24.		
Do	25.		18:54
Fr	26.		
Sa	27.		
So	28.		
Mo	29.		
Di	30.		
Mi	31.		

Februar

Do	1.		
Fr	2.		
Sa	3.		
So	4.		
Mo	5.		
Di	6.		
Mi	7.		
Do	8.		
Fr	9.		23:58
Sa	10.		
So	11.		
Mo	12.		
Di	13.		
Mi	14.		
Do	15.		
Fr	16.		
Sa	17.		
So	18.		
Mo	19.		
Di	20.		
Mi	21.		
Do	22.		
Fr	23.		
Sa	24.		13:30
So	25.		
Mo	26.		
Di	27.		
Mi	28.		
Do	29.		

März

Fr	1.		
Sa	2.		
So	3.		
Mo	4.		
Di	5.		
Mi	6.		
Do	7.		
Fr	8.		
Sa	9.		
So	10.		09:59
Mo	11.		
Di	12.		
Mi	13.		
Do	14.		
Fr	15.		
Sa	16.		
So	17.		
Mo	18.		
Di	19.		
Mi	20.		
Do	21.		
Fr	22.		
Sa	23.		
So	24.		
Mo	25.		07:58
Di	26.		
Mi	27.		
Do	28.		
Fr	29.		
Sa	30.		
So	31.		

April

Mo	1.	
Di	2.	
Mi	3.	
Do	4.	
Fr	5.	
Sa	6.	
So	7.	
Mo	8.	19:20
Di	9.	
Mi	10.	
Do	11.	
Fr	12.	
Sa	13.	
So	14.	
Mo	15.	
Di	16.	
Mi	17.	
Do	18.	
Fr	19.	
Sa	20.	
So	21.	
Mo	22.	
Di	23.	
Mi	24.	00:47
Do	25.	
Fr	26.	
Sa	27.	
So	28.	
Mo	29.	
Di	30.	

Mai

Mi	1.	
Do	2.	
Fr	3.	
Sa	4.	
So	5.	
Mo	6.	
Di	7.	
Mi	8.	04:21
Do	9.	
Fr	10.	
Sa	11.	
So	12.	
Mo	13.	
Di	14.	
Mi	15.	
Do	16.	
Fr	17.	
Sa	18.	
So	19.	
Mo	20.	
Di	21.	
Mi	22.	
Do	23.	14:52
Fr	24.	
Sa	25.	
So	26.	
Mo	27.	
Di	28.	
Mi	29.	
Do	30.	
Fr	31.	

Juni

Sa	1.	
So	2.	
Mo	3.	
Di	4.	
Mi	5.	
Do	6.	13:37
Fr	7.	
Sa	8.	
So	9.	
Mo	10.	
Di	11.	
Mi	12.	
Do	13.	
Fr	14.	
Sa	15.	
So	16.	
Mo	17.	
Di	18.	
Mi	19.	
Do	20.	
Fr	21.	
Sa	22.	02:08
So	23.	
Mo	24.	
Di	25.	
Mi	26.	
Do	27.	
Fr	28.	
Sa	29.	
So	30.	

Mondkalender 2024

Juli

Tag		Zeit
Mo	1.	
Di	2.	
Mi	3.	
Do	4.	
Fr	5.	23:56
Sa	6.	
So	7.	
Mo	8.	
Di	9.	
Mi	10.	
Do	11.	
Fr	12.	
Sa	13.	
So	14.	
Mo	15.	
Di	16.	
Mi	17.	
Do	18.	
Fr	19.	
Sa	20.	
So	21.	11:16
Mo	22.	
Di	23.	
Mi	24.	
Do	25.	
Fr	26.	
Sa	27.	
So	28.	
Mo	29.	
Di	30.	
Mi	31.	

August

Tag		Zeit
Do	1.	
Fr	2.	
Sa	3.	
So	4.	12:12
Mo	5.	
Di	6.	
Mi	7.	
Do	8.	
Fr	9.	
Sa	10.	
So	11.	
Mo	12.	
Di	13.	
Mi	14.	
Do	15.	
Fr	16.	
Sa	17.	
So	18.	
Mo	19.	19:24
Di	20.	
Mi	21.	
Do	22.	
Fr	23.	
Sa	24.	
So	25.	
Mo	26.	
Di	27.	
Mi	28.	
Do	29.	
Fr	30.	
Sa	31.	

September

Tag		Zeit
So	1.	
Mo	2.	
Di	3.	02:55
Mi	4.	
Do	5.	
Fr	6.	
Sa	7.	
So	8.	
Mo	9.	
Di	10.	
Mi	11.	
Do	12.	
Fr	13.	
Sa	14.	
So	15.	
Mo	16.	
Di	17.	
Mi	18.	03:33
Do	19.	
Fr	20.	
Sa	21.	
So	22.	
Mo	23.	
Di	24.	
Mi	25.	
Do	26.	
Fr	27.	
Sa	28.	
So	29.	
Mo	30.	

Oktober

Di	1.	
Mi	2.	19:49
Do	3.	
Fr	4.	
Sa	5.	
So	6.	
Mo	7.	
Di	8.	
Mi	9.	
Do	10.	
Fr	11.	
Sa	12.	
So	13.	
Mo	14.	
Di	15.	
Mi	16.	
Do	17.	12:26
Fr	18.	
Sa	19.	
So	20.	
Mo	21.	
Di	22.	
Mi	23.	
Do	24.	
Fr	25.	
Sa	26.	
So	27.	
Mo	28.	
Di	29.	
Mi	30.	
Do	31.	

November

Fr	1.	13:46
Sa	2.	
So	3.	
Mo	4.	
Di	5.	
Mi	6.	
Do	7.	
Fr	8.	
Sa	9.	
So	10.	
Mo	11.	
Di	12.	
Mi	13.	
Do	14.	
Fr	15.	22:29
Sa	16.	
So	17.	
Mo	18.	
Di	19.	
Mi	20.	
Do	21.	
Fr	22.	
Sa	23.	
So	24.	
Mo	25.	
Di	26.	
Mi	27.	
Do	28.	
Fr	29.	
Sa	30.	

Dezember

So	1.	07:20
Mo	2.	
Di	3.	
Mi	4.	
Do	5.	
Fr	6.	
Sa	7.	
So	8.	
Mo	9.	
Di	10.	
Mi	11.	
Do	12.	
Fr	13.	
Sa	14.	
So	15.	10:00
Mo	16.	
Di	17.	
Mi	18.	
Do	19.	
Fr	20.	
Sa	21.	
So	22.	
Mo	23.	
Di	24.	
Mi	25.	
Do	26.	
Fr	27.	
Sa	28.	
So	29.	
Mo	30.	23:26
Di	31.	

Januar

Mi	1.
Do	2.
Fr	3.
Sa	4.
So	5.
Mo	6.
Di	7.
Mi	8.
Do	9.
Fr	10.
Sa	11.
So	12.
Mo	13.	23:24
Di	14.
Mi	15.
Do	16.
Fr	17.
Sa	18.
So	19.
Mo	20.
Di	21.
Mi	22.
Do	23.
Fr	24.
Sa	25.
So	26.
Mo	27.
Di	28.
Mi	29.	13:35
Do	30.
Fr	31.

Februar

Sa	1.
So	2.
Mo	3.
Di	4.
Mi	5.
Do	6.
Fr	7.
Sa	8.
So	9.
Mo	10.
Di	11.
Mi	12.	14:52
Do	13.
Fr	14.
Sa	15.
So	16.
Mo	17.
Di	18.
Mi	19.
Do	20.
Fr	21.
Sa	22.
So	23.
Mo	24.
Di	25.
Mi	26.
Do	27.
Fr	28.	01:44

März

Sa	1.
So	2.
Mo	3.
Di	4.
Mi	5.
Do	6.
Fr	7.
Sa	8.
So	9.
Mo	10.
Di	11.
Mi	12.
Do	13.
Fr	14.	07:55
Sa	15.
So	16.
Mo	17.
Di	18.
Mi	19.
Do	20.
Fr	21.
Sa	22.
So	23.
Mo	24.
Di	25.
Mi	26.
Do	27.
Fr	28.
Sa	29.	11:57
So	30.
Mo	31.

April		Mai		Juni	
Di 1.		Do 1.		So 1.	
Mi 2.		Fr 2.		Mo 2.	
Do 3.		Sa 3.		Di 3.	
Fr 4.		So 4.		Mi 4.	
Sa 5.		Mo 5.		Do 5.	
So 6.		Di 6.		Fr 6.	
Mo 7.		Mi 7.		Sa 7.	
Di 8.		Do 8.		So 8.	
Mi 9.		Fr 9.		Mo 9.	
Do 10.		Sa 10.		Di 10.	
Fr 11.		So 11.		Mi 11.	08:42
Sa 12.		Mo 12.	17:54	Do 12.	
So 13.	01:22	Di 13.		Fr 13.	
Mo 14.		Mi 14.		Sa 14.	
Di 15.		Do 15.		So 15.	
Mi 16.		Fr 16.		Mo 16.	
Do 17.		Sa 17.		Di 17.	
Fr 18.		So 18.		Mi 18.	
Sa 19.		Mo 19.		Do 19.	
So 20.		Di 20.		Fr 20.	
Mo 21.		Mi 21.		Sa 21.	
Di 22.		Do 22.		So 22.	
Mi 23.		Fr 23.		Mo 23.	
Do 24.		Sa 24.		Di 24.	
Fr 25.		So 25.		Mi 25.	11:31
Sa 26.		Mo 26.		Do 26.	
So 27.	20:30	Di 27.	04:01	Fr 27.	
Mo 28.		Mi 28.		Sa 28.	
Di 29.		Do 29.		So 29.	
Mi 30.		Fr 30.		Mo 30.	
		Sa 31.			

Juli

Di	1.	
Mi	2.	
Do	3.	
Fr	4.	
Sa	5.	
So	6.	
Mo	7.	
Di	8.	
Mi	9.	
Do	10.	21:36
Fr	11.	
Sa	12.	
So	13.	
Mo	14.	
Di	15.	
Mi	16.	
Do	17.	
Fr	18.	
Sa	19.	
So	20.	
Mo	21.	
Di	22.	
Mi	23.	
Do	24.	20:10
Fr	25.	
Sa	26.	
So	27.	
Mo	28.	
Di	29.	
Mi	30.	
Do	31.	

August

Fr	1.	
Sa	2.	
So	3.	
Mo	4.	
Di	5.	
Mi	6.	
Do	7.	
Fr	8.	
Sa	9.	08:55
So	10.	
Mo	11.	
Di	12.	
Mi	13.	
Do	14.	
Fr	15.	
Sa	16.	
So	17.	
Mo	18.	
Di	19.	
Mi	20.	
Do	21.	
Fr	22.	
Sa	23.	07:06
So	24.	
Mo	25.	
Di	26.	
Mi	27.	
Do	28.	
Fr	29.	
Sa	30.	
So	31.	

September

Mo	1.	
Di	2.	
Mi	3.	
Do	4.	
Fr	5.	
Sa	6.	
So	7.	19:08
Mo	8.	
Di	9.	
Mi	10.	
Do	11.	
Fr	12.	
Sa	13.	
So	14.	
Mo	15.	
Di	16.	
Mi	17.	
Do	18.	
Fr	19.	
Sa	20.	
So	21.	20:53
Mo	22.	
Di	23.	
Mi	24.	
Do	25.	
Fr	26.	
Sa	27.	
So	28.	
Mo	29.	
Di	30.	

Oktober

Tag		Phase/Zeit
Mi	1.	
Do	2.	
Fr	3.	
Sa	4.	
So	5.	
Mo	6.	
Di	7.	04:45
Mi	8.	
Do	9.	
Fr	10.	
Sa	11.	
So	12.	
Mo	13.	
Di	14.	
Mi	15.	
Do	16.	
Fr	17.	
Sa	18.	
So	19.	
Mo	20.	
Di	21.	13:24
Mi	22.	
Do	23.	
Fr	24.	
Sa	25.	
So	26.	
Mo	27.	
Di	28.	
Mi	29.	
Do	30.	
Fr	31.	

November

Tag		Phase/Zeit
Sa	1.	
So	2.	
Mo	3.	
Di	4.	
Mi	5.	14:18
Do	6.	
Fr	7.	
Sa	8.	
So	9.	
Mo	10.	
Di	11.	
Mi	12.	
Do	13.	
Fr	14.	
Sa	15.	
So	16.	
Mo	17.	
Di	18.	
Mi	19.	
Do	20.	07:46
Fr	21.	
Sa	22.	
So	23.	
Mo	24.	
Di	25.	
Mi	26.	
Do	27.	
Fr	28.	
Sa	29.	
So	30.	

Dezember

Tag		Phase/Zeit
Mo	1.	
Di	2.	
Mi	3.	
Do	4.	
Fr	5.	00:14
Sa	6.	
So	7.	
Mo	8.	
Di	9.	
Mi	10.	
Do	11.	
Fr	12.	
Sa	13.	
So	14.	
Mo	15.	
Di	16.	
Mi	17.	
Do	18.	
Fr	19.	
Sa	20.	02:42
So	21.	
Mo	22.	
Di	23.	
Mi	24.	
Do	25.	
Fr	26.	
Sa	27.	
So	28.	
Mo	29.	
Di	30.	
Mi	31.	

BILDNACHWEIS

HINWEIS